背离技术实战

巧妙抄底与逃顶

杨 娟◎编著

中国铁道出版社有限公司

CHINA RAILWAY PUBLISHING HOUSE CO., LTD.

图书在版编目（CIP）数据

背离技术实战：巧妙抄底与逃顶 / 杨娟编著. —北京：中国
铁道出版社有限公司，2024.7
ISBN 978-7-113-31233-6

Ⅰ.①背… Ⅱ.①杨… Ⅲ.①股票投资-基本知识 Ⅳ.①F830.91

中国国家版本馆CIP数据核字（2024）第091364号

书　　名：**背离技术实战——巧妙抄底与逃顶**
　　　　　BEILI JISHU SHIZHAN:QIAOMIAO CHAODI YU TAODING
作　　者：杨　娟

责任编辑：杨　旭　　编辑部电话：（010）51873274　　电子邮箱：823401342@qq.com
封面设计：仙　境
责任校对：刘　畅
责任印制：赵星辰

出版发行：中国铁道出版社有限公司（100054，北京市西城区右安门西街 8 号）
印　　刷：河北燕山印务有限公司
版　　次：2024 年 7 月第 1 版　2024 年 7 月第 1 次印刷
开　　本：710 mm×1 000 mm　1/16　印张：11.5　字数：170 千
书　　号：ISBN 978-7-113-31233-6
定　　价：69.00 元

/前言/

　　要想在震荡不断的股市中实现获利，选好介入点和抛售点是非常关键的。如何尽量在规避风险的同时降低持股成本，如何及时止盈止损又不至于过度踏空后市行情，哪些技术分析技巧能够让自己更好地预判行情转向等，这些都是需要投资者认真思考的问题。

　　在众多分析技术中，背离技术可谓是股市中最常用来判断反转时机或是趋势变化方向的分析技术之一，对于抄底和逃顶来说非常具有参考价值，它不仅对各种操作风格的投资者都适用，还能够很好地解决以上问题。

　　背离主要是指两个分析对象的运行趋势不一致的情况。股市中有大量可供投资者分析的对象，如K线、技术指标、大盘指数、基本面信息、技术面数据等，它们之间有可能因为各种原因而形成背离，因此背离技术的种类非常多，覆盖面也比较广。

　　市场中比较常见的背离有个股与大盘指数的背离、K线走势与技术指标的背离、技术面走势与基本面信息的背离、不同周期的K线之间的背离、技术指标自身的背离、分时走势与外部走势的背离、短周期浅背离和中长期深背离等。每一种背离都包含着丰富的信息，如果投资者能够及时分析出其释放出的预警信号，就有机会实现抄底和逃顶。

　　本书针对这些背离技术进行详细解析，同时还配备了大量实战案例。全书共六章，每一章的具体内容和结构如下：

背离技术抄底与逃顶技巧

第1章 初步介绍背离技术的形成原理、常见种类及真假背离的判别方法，帮助投资者打好基础

第2章 重点介绍价格趋势之间的背离，主要分为个股与大盘指数的背离及各周期K线之间的背离，有助于寻找涨跌趋势的转折点

第3章 主要介绍如何利用K线与各种技术指标，如均线、成交量、KDJ、MACD、分时均价线等指标之间的背离形态来更加精准地定位抄底位置

第4章 本章是为帮助投资者更好地理解第3章所讲述的抄底背离技术而拓展延伸的实战分析，其中包含牛股和熊股各一只

第5章 与第3章对应，主要介绍K线与各种技术指标的背离形态逃顶技巧，使买卖有始有终，同时降低被套风险

第6章 是针对第5章拓展延伸的逃顶实战分析章节，同样包含牛股和熊股各一只

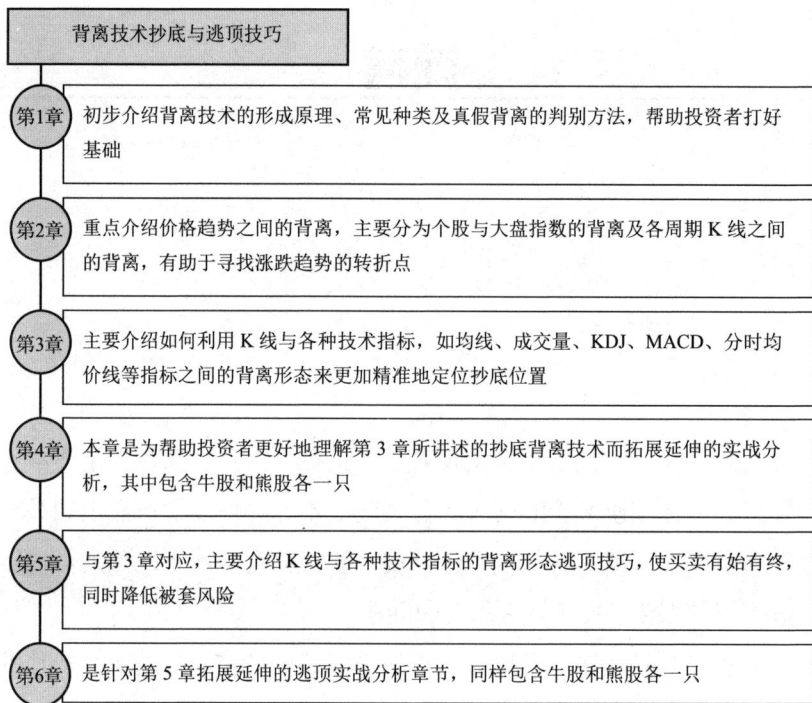

本书内容由浅入深、循序渐进，技术形态示意图绘制精细，案例解析真实详尽，即便是新入市的投资者也能很好地理解。

最后，希望所有读者通过对书中知识的学习，提升自己的炒股技能，收获更多的投资收益。但任何投资都有风险，也希望广大投资者在入市和操作过程中谨慎从事，规避风险。

作　者

2024 年 4 月

目录

第 1 章 背离技术基础详解

1.1 背离原理与种类..2

　1.1.1 什么是背离..2

　1.1.2 背离与背驰的区别..3

　1.1.3 背离有哪些种类..3

　1.1.4 非技术面背离浅析..5

　　实例分析 众泰汽车（000980）非技术面背离..........................7

　1.1.5 背离共振技术应用..11

　　实例分析 通合科技（300491）成交量与 MACD 指标背离共振......11

1.2 背离的有效性与时效性..13

　1.2.1 学会区分真假背离..13

　　实例分析 数据港（603881）上涨高位的真假背离....................13

　1.2.2 深浅背离应用与时效..15

　　实例分析 赤峰黄金（600988）深浅背离应用........................16

第 2 章 价格背离趋势寻时机

2.1 个股与大盘背离找顶底..20

2.1.1　个股背离上证指数 20

实例分析　兖矿能源（600188）大盘指数强势背离 21

实例分析　ST起步（603557）大盘指数弱势背离 23

2.1.2　细分领域指数的背离 24

实例分析　稀缺资源指数与平煤股份的趋势背离 25

2.2 周期K线间的背离 27

2.2.1　单根长周期K线内部背离 28

实例分析　森远股份（300210）行情顶部周K线内部背离 29

实例分析　金盘科技（688676）行情底部周K线内部背离 31

2.2.2　周期K线趋势小幅背离 33

实例分析　华海诚科（688535）周K线上涨趋势小幅背离 33

实例分析　卓翼科技（002369）周K线下跌趋势小幅背离 35

2.2.3　日内走势背离外部趋势 37

实例分析　广脉科技（838924）日内走势与大趋势的背离 38

第3章　K线背离指标助抄底

3.1 趋势性指标背离建仓 42

3.1.1　均线上行回调背离 42

实例分析　上海电影（601595）均线上行回调背离解析 43

3.1.2　均线扭转上行背离 44

实例分析　西安旅游（000610）均线扭转上行背离解析 45

3.1.3　频繁小幅背离：上山爬坡 46

实例分析　新经典（603096）上山爬坡形态解析 47

3.1.4　单根K线背离：蛟龙出海 49

实例分析　航发动力（600893）蛟龙出海形态解析 50

3.1.5　布林中轨线底部背离 52

实例分析　太辰光（300570）布林中轨线底部背离解析 53

3.1.6　SAR指标绿点背离 55

实例分析　国电电力（600795）SAR指标绿点背离解析 57

3.2 副图指标背离抄底 58

　3.2.1 底部量能上升背离 58

　　实例分析 泰胜风能（300129）底部量能上升背离实战 59

　3.2.2 上涨初期量平价涨背离 62

　　实例分析 合力科技（603917）上涨初期量平价涨背离实战 62

　3.2.3 单根涨停地量背离 64

　　实例分析 鸿博股份（002229）单根涨停地量背离实战 66

　3.2.4 KDJ 指标底背离 67

　　实例分析 宝色股份（300402）KDJ 指标底背离实战 69

　3.2.5 KDJ 指标低位钝化背离 70

　　实例分析 赛力斯（601127）KDJ 指标低位钝化背离实战 71

　3.2.6 MACD 三离三靠下行背离 72

　　实例分析 大金重工（002487）MACD 三离三靠下行背离实战 73

　3.2.7 MACD 底部隔山背离 75

　　实例分析 钧达股份（002865）MACD 底部隔山背离实战 76

　3.2.8 MACD 指标底背离 77

　　实例分析 金辰股份（603396）MACD 指标底背离实战 78

　3.2.9 MACD 绿柱抽脚 80

　　实例分析 金雷股份（300443）MACD 绿柱抽脚实战 80

3.3 日内走势与指标的背离 81

　3.3.1 均价线上行背离 82

　　实例分析 珈伟新能（300317）均价线上行背离实战 82

　3.3.2 均价线扭转背离 84

　　实例分析 德方纳米（300769）均价线下行扭转背离实战 85

　3.3.3 缩量拉升背离 89

　　实例分析 鹏辉能源（300438）缩量拉升背离实战 89

　3.3.4 盘中缩量高位震荡 91

　　实例分析 永福股份（300712）盘中缩量高位震荡背离实战 92

第 4 章 背离技术建仓和加仓实战

4.1 上升牛股背离买进 96

4.1.1 股价转入上涨之前的背离 96
实例分析 提前预示买进的底背离形态 96

4.1.2 回调过程中的背离 98
实例分析 MACD 指标与 K 线形态结合分析 98

4.1.3 再度回调底部的预示信号 100
实例分析 回调过程中双指标背离共振 100

4.2 下降熊股背离抄底 102

4.2.1 高位拉升注意仓位管理 103
实例分析 高位再度拉升买入点 103

4.2.2 下跌反弹期间的背离买进 105
实例分析 超跌反弹可跟进抢涨幅 105

4.2.3 强势反弹前夕的探底 108
实例分析 内外部走势结合分析 108

第 5 章 现价背离指标速逃顶

5.1 趋势性指标背离卖出 112

5.1.1 下行趋势回升背离 112
实例分析 大理药业（603963）下行趋势回升背离解析 ...113

5.1.2 均线扭转下行背离 114
实例分析 惠程科技（002168）均线扭转下行背离解析 ...114

5.1.3 频繁小幅背离：下山滑坡 116
实例分析 慈文传媒（002343）下山滑坡解析 ...117

5.1.4 单根 K 线背离：断头铡刀 118
实例分析 凯撒文化（002425）断头铡刀解析 119

5.1.5　布林中轨线顶部背离..121

实例分析 科锐国际（300662）布林中轨线顶部背离解析........122

5.1.6　SAR 指标红点背离..123

实例分析 景嘉微（300474）SAR 指标红点背离解析.............124

5.2　副图指标背离逃顶..127

5.2.1　顶部量能缩减背离..127

实例分析 蓝海华腾（300484）顶部量能缩减背离实战..........127

5.2.2　顶部量增价跌背离..130

实例分析 奥雅股份（300949）顶部量增价跌背离实战..........130

5.2.3　单根跌停天量背离..131

实例分析 伟时电子（605218）单根跌停天量背离实战..........132

5.2.4　KDJ 指标顶背离..135

实例分析 震有科技（688418）KDJ 指标顶背离实战..............135

5.2.5　KDJ 指标高位钝化背离..136

实例分析 普天科技（002544）KDJ 指标高位钝化背离实战........137

5.2.6　MACD 三离三靠上行背离..138

实例分析 新洁能（605111）MACD 三离三靠上行背离实战.......139

5.2.7　MACD 顶部隔山背离..140

实例分析 恒润股份（603985）MACD 顶部隔山背离实战..........141

5.2.8　MACD 指标顶背离..143

实例分析 华锐精密（688059）MACD 指标顶背离实战..............143

5.2.9　MACD 红柱缩头..145

实例分析 久其软件（002279）MACD 红柱缩头实战..............145

5.3　日内走势背离指标撤资..147

5.3.1　均价线下行背离..148

实例分析 龙版传媒（605577）均价线下行背离实战..........148

5.3.2　均价线上行扭转背离..150

实例分析 网达软件（603189）均价线上行扭转背离实战........150

5.3.3 放量压价背离 153

实例分析 德众汽车（838030）放量压价背离实战 153

5.3.4 尾盘放量跳水背离 155

实例分析 华正新材（603186）尾盘放量跳水背离实战 155

第 6 章　背离技术减仓和清仓实战

6.1 上升牛股背离卖出 158

6.1.1 阶段顶部的背离形态 158

实例分析 顶部异常放量背离 158

6.1.2 连续上涨后的背离反转 160

实例分析 反转位的筑顶形态 161

6.1.3 技术指标预示反转信号 162

实例分析 K 线与技术指标的背离 163

6.1.4 波浪式上涨后注意下跌 165

实例分析 长期背离形态预示反转 165

6.2 下降熊股背离逃顶 167

6.2.1 短期暴涨后的背离 167

实例分析 一字涨停开板放量背离 168

6.2.2 均线服从特性中的背离 170

实例分析 小幅突破中长期均线后筑顶 170

6.2.3 特殊看跌背离形态 172

实例分析 断头铡刀背离卖出 172

第1章

背离技术基础详解

　　股市中的背离技术应用得非常广泛，种类也随着技术分析的细化而不断增加，其中顶底位置的背离形态对于投资者的抄底、逃顶等操作有很大的帮助。不过在学习具体的背离技术应用之前，投资者需要对背离有一个基础的认知，并且明白实战与理论之间的差距，不可盲目按照本书解析的理论进行操作。

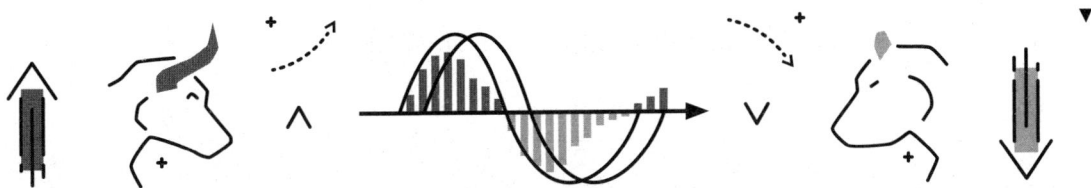

1.1 背离原理与种类

背离的种类非常多，其原理也会根据背离对象的不同而有所差别。不过在此之前，投资者要知道什么样的状态才能够被称作背离。

1.1.1 什么是背离

一般来说，背离是指两个分析对象的运行趋势不一致的情况。以 K 线与成交量为例，在 K 线向上运行的同时成交量却出现走平甚至缩减，这就可以被称为背离。

除此之外，一些特殊的指标或盘口信息也可能与股价产生背离。比如买卖盘注资力度加大，股价却在下降的情况；或者个股背后的上市公司受到了利空消息的打击，但股价不降反升的情况等。

图 1-1 为平安银行（000001）的一段股价走势。

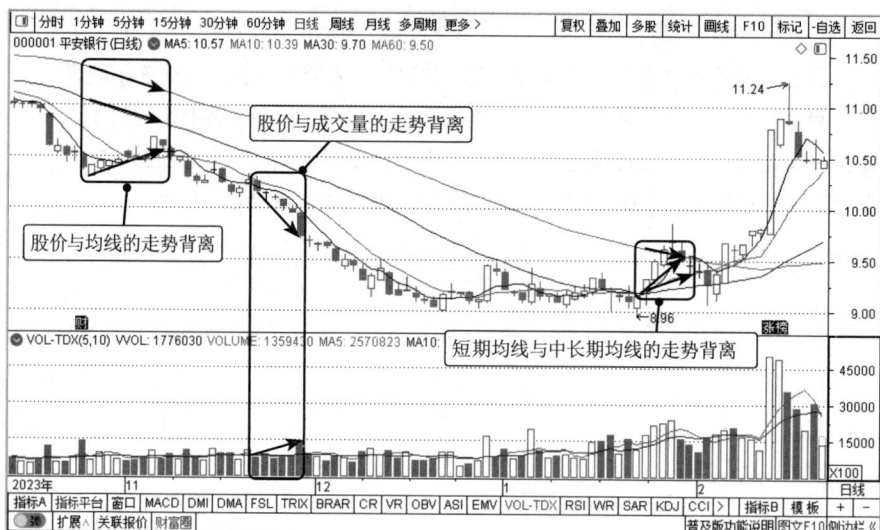

图 1-1 平安银行的一段股价走势

图 1-1 的股价走势中就包含了数种背离，有股价与技术指标之间的背离，也有技术指标自身存在的背离，可见这种现象在股市运行过程中屡见不鲜，投资者要学会充分利用，帮助自己实现抄底和逃顶。

1.1.2　背离与背驰的区别

股市中还有一个名词与背离很像，那就是背驰，但其实二者所代表的含义有很大差别。背离更多是指两个分析对象之间的走势差异或是其他有悖于常规的运行情况；而背驰仅仅指股价在单边行情中形成的，且与大趋势方向相反的走势。

简单来说，背驰就是上涨行情中的回调及下跌行情中的反弹，是现价与整体趋势之间的对比，因此也算得上是一种背离，比如图 1-2 中展示的走势。

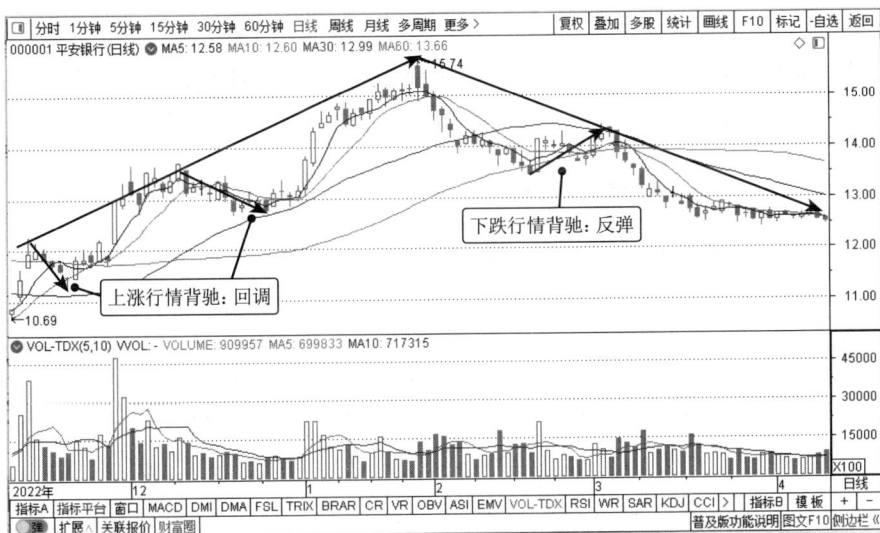

图 1-2　单边行情中的背驰现象

背驰也是股价运行过程中极为常见的一种走势现象，并且是必不可少的一种。因为价格不会永远向着某一方向稳定运行，只有经过盘中不断的资金流动和筹码换手才能保证持续性，而背驰正是大量筹码集中交换的一种表现，投资者不可忽视。

1.1.3　背离有哪些种类

背离技术有许多不同的分类方式，种类也十分丰富，本节就选取一些常见的背离情形进行介绍。

股市中比较常见的背离有大盘指数与个股的背离、K线与技术指标的背离、不同周期的K线之间的背离、技术指标自身的背离、分时走势与外部走势的背离、短周期浅背离、中长期深背离等。下面来逐一了解这些背离的具体含义和应用。

1. 大盘指数与个股的背离

这种背离指的是大盘指数如上证指数、深证成指、沪深300及各细分板块指数的走势与其成分股价格走势之间的背离。

通过分析大盘指数与个股的背离，投资者可以高效挑选出优于大盘指数的牛股来投资；或者提前预判手中持有的个股是否还能跟上大趋势，进而决定是否撤离。

2. K线与技术指标的背离

K线与技术指标的背离主要体现在K线走势与指标线运行方向之间，比如K线上行但指标线下行的情况。有些包含其他构成要素的技术指标也可能与K线形成其他背离，比如MACD柱状线的伸缩与K线走势的背离。

技术指标是技术分析中的重要一环，投资者完全有机会通过研究K线与技术指标的背离实现预判，进而提前抄底或逃顶。

3. 不同周期的K线之间的背离

K线周期有分钟、日、周、月、年等，不同周期的K线所统计的交易信息不同，因此可能在阴阳线性质上有差异。比如周K线收阴，但周内的日K线可能包含数根阳线。

这种背离出现在合适的行情位置时可以很好地帮助投资者提前观察到反转的到来，甚至借助长周期K线和短周期K线的筑顶、筑底形态提前介入或撤离，达到控制成本和风险的目的。

4. 技术指标自身的背离

如果技术指标本身包含两条及以上的指标线，或者除指标线以外还有其他构成元素，那么指标自身也可能产生背离走势。比如均线指标中的中长期均线与短期均线运行方向的背离，或者 MACD 指标中指标线与柱状线预示信号的背离等。

技术指标自身的背离有时候会帮助投资者排除一些干扰性和欺骗性信号，或者加强某一方向的预示性信号，使得研判更加精确。

5. 分时走势与外部走势的背离

分时走势记录的是日内的交易情况，因此也常被称为内部走势。当内部价格走势与外部大趋势或是市场预期背道而驰，背离就产生了。

观察内外部背离有助于正在寻找确切买卖点的投资者及超短线投资者及时把握市场情绪的转变，进而定位买卖位置。

6. 短周期浅背离

浅背离指的是持续时间不长或是背离不严重的情况，比如单根 K 线与单根成交量的背离。这种背离对于中长线投资者来说参考价值不大，只能在确定好大致买卖范围后用来细化具体买卖点，但对于追求快进快出、资金停留时间较短的短线或超短线投资者来说十分实用。

7. 中长期深背离

深背离一般构筑时间较长，背离情形比较明显和确定，更适合用于研判中长期趋势的转变，比如 MACD 指标、KDJ 指标的顶、底背离等。

1.1.4 非技术面背离浅析

1.1.3 中列出的都属于技术面背离，除此之外还有非技术面背离，也就是技术面走势不符合基本面信息，甚至与市场预期大相径庭的情况。比如上市公司股票被交易所实施风险预警，股价却出现暴涨。

　　一般来说，非技术面背离涉及的信息量和分析难度都比技术面背离大得多，毕竟投资者此时要考虑的不仅是基本面信息对股价走势的影响，还要考虑上市公司的调控手段及主力、基金、银行等机构投资者的大资金交易导致的价格变动等。

　　普通投资者没有详细信息来源和独到眼光，因此也很难做到对非技术面背离成因及后续发展的准确分析，因此只需简单了解这种背离的具体情形和大致原因即可。

　　需要注意的是，很多时候外部的基本面消息对个股价格的影响都是比较模糊的，投资者可能一时难以确定究竟是利好还是利空，比如财报的释出、限售股解禁上市、关联品种上市等。但有一种情况是比较确定的，那就是风险警示公告。

　　以上海证券交易所为例，当上市公司出现财务状况异常情况或其他异常情况，导致其股票存在被强制终止上市的风险，或者投资者难以判断公司前景，投资者权益可能受到损害，存在其他重大风险的，交易所会对该公司股票实施风险警示。

　　上市公司股票被实施退市风险警示的，在公司股票简称前冠以"*ST"字样；被实施其他风险警示的，在公司股票简称前冠以"ST"字样，并且应当按照相关规定披露风险提示公告。更名后，个股K线界面下方会出现"♣"标识，这样投资者能够第一时间查看。

　　显而易见，被实施风险警示并挂出公告是一种明确的利空信号，市场对个股的预期也应当急速降低，持有者迅速卖出、观望者不再关注才是比较正常的情况。

　　如果这时股价还能一反常态出现上涨，几乎就可以肯定是一种人为的非技术面背离。具体成因大部分投资者可能无法了解到，但短时间内不要参与是肯定的。至于后市如何，还需根据不同个股的走势情况而定。

　　下面通过一个案例来具体分析。

实例分析 众泰汽车（000980）非技术面背离

2020 年 6 月 22 日，众泰汽车股份有限公司发布关于公司股票交易被实行退市风险警示暨停复牌的公告，公告称根据相关规定，公司股票将于 2020 年 6 月 23 日停牌一天，交易所自 2020 年 6 月 24 日开市起对公司股票交易实行"退市风险警示"处理，股票简称由"众泰汽车"变更为"*ST众泰"。

很显然，众泰汽车的运营在当时出现了不小的问题，导致直接被实行了退市风险警示处理。公告的发出自然对市场情绪造成了不小的打击，下面来看当时的股价走势。

图 1-3 为众泰汽车 2020 年 2 月到 2021 年 11 月的 K 线图。

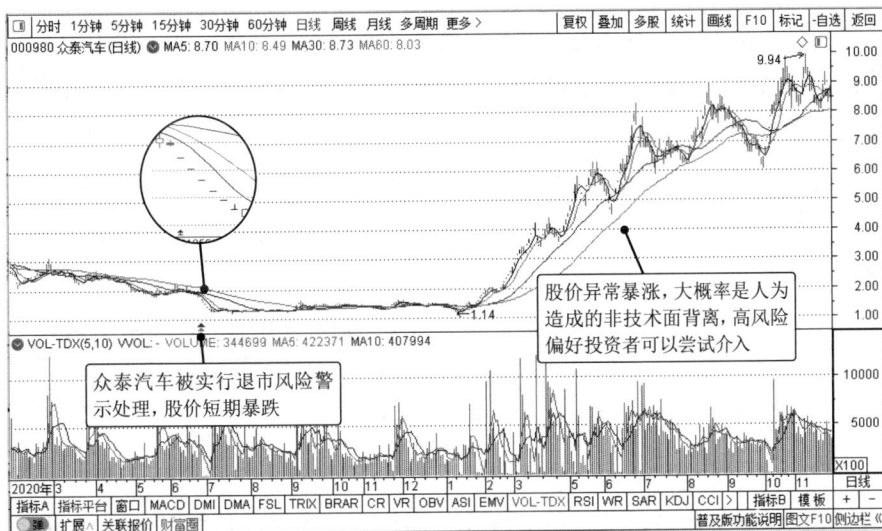

图 1-3 众泰汽车 2020 年 2 月到 2021 年 11 月的 K 线图

从图 1-3 中可以看到，众泰汽车的股价在 2020 年 6 月底发布公告后就出现了断崖式的一字跌停，还是比较符合市场预期的。

在后续长达半年多的时间里，股价一直在 1.50 元价位线附近横向震荡，是一种市场低迷的表现，在此期间，即便是偏向于高风险投资的投资者都不能轻易介入。

按照常理来说，如果众泰汽车后续没能及时调整过来或是长时间达不到撤销退市风险警示处理的水平，那么其股价就可能长久保持低位震荡，甚至会在后续出现绵绵阴跌。

但令人惊异的是，众泰汽车的股价在 2021 年 1 月出现了很大的变化，在创出 1.14 元的新低后迅速拉升，期间涨停不断，短短两个多月的时间就暴涨至 4.00 元价位线上方，实现了多次翻倍。这显然是一种人为造成的异常情况，并且也属于明显的非技术面背离。

如此剧烈的波动也引得市场议论纷纷，交易所就股票异常情况多次向众泰汽车发函询问，该公司也多次给出回应，表示除公司已披露的信息外，公司目前没有任何根据交易所有关规定应予以披露而未披露的事项或与该事项有关的筹划、商谈、意向、协议等；董事会也未获悉公司有根据交易所有关规定应予以披露而未披露的、对公司股票及其衍生品种交易价格产生较大影响的其他信息；股票异常波动期间，控股股东、实际控制人未发生主动买卖公司股票的行为。

实际情况到底如何，众泰汽车的股价又为何会突然暴涨，投资者已不得而知，但某股力量坚定拉涨的意图却是很明显的。高风险偏好投资者也许可以趁着买进成本尚低时参与其中，借助非技术面背离实现逆势盈利。

并且如果单纯从技术面角度来分析，这段暴涨也确实是一个做多的好机会。刚开始暴涨时市场可能还会多观望一段时间，而等股价实现连续翻倍时，一些风险投资者就可以尝试着介入了。

后续该股又连续上涨近半年，到了 2021 年 11 月，股价最高已经到达了 9.94 元，相较于最初拉升时的 1.14 元，涨幅达到了惊人的约 772%，无论是长期持有还是短期波段操作的投资者，获得的收益都是不菲的。

但这种逆势拉升终究有尽头，即便因为当时的众泰汽车价格低又身处风险警示板，比较容易调动市场情绪跟随追涨，但到了一定程度时也会出现疲软走势。而这种股票一旦开始下跌就很容易带动市场集中杀跌卖出，因此众泰汽车的股价自 2021 年底开始出现了下滑。

下面来看后续众泰汽车逐次撤销风险警示，回归正常后的走势。

图 1-4 为众泰汽车 2022 年 4 月到 2023 年 3 月的 K 线图。

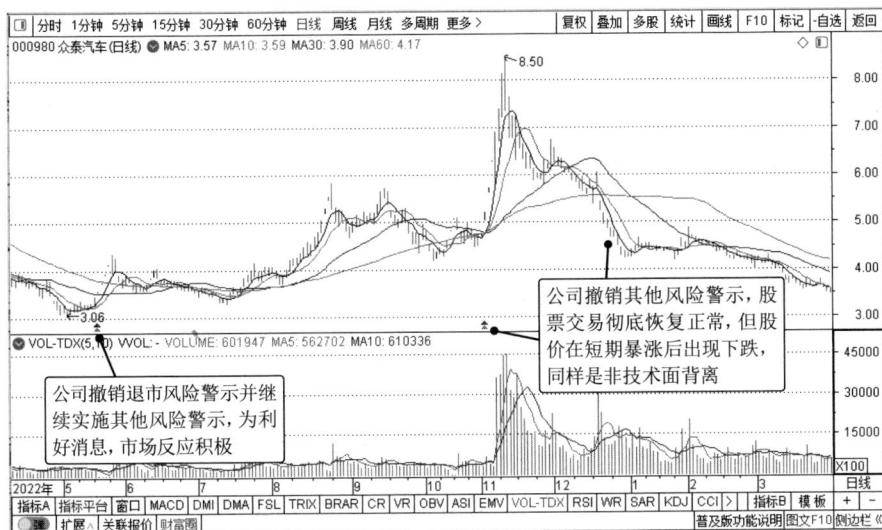

图 1-4 众泰汽车 2022 年 4 月到 2023 年 3 月的 K 线图

2020 年 5 月 18 日，众泰汽车股份有限公司发布公告称，公司股票自 2022 年 5 月 20 日开市起撤销退市风险警示并继续实施其他风险警示，股票简称将由"*ST 众泰"变更为"ST 众泰"。

简单来说，就是公司的经营状况有所好转，退市风险暂缓，但因为公司生产经营活动受到严重影响且预计在三个月内不能恢复正常的情形尚未完全消除，因此仍将被实施其他风险警示。

这显然属于一个偏向利好的消息，因此市场也给出了短期注资推涨的回应，不过第一波拉升并未持续太长时间就回落了。根据上一次非技术面背离的情况来看，在利空消息打击下的众泰汽车股价都能逆势暴涨，那么当利好消息放出，股价也有可能出现短期向好的盈利机会，投资者可给予关注。

果不其然，该股在 2022 年 7 月中旬就开始了下一波拉升，短期涨幅依旧可观。几个月后，众泰汽车更是放出了又一个好消息，公司股票自 2022 年 11 月 3 日开市起撤销其他风险警示，股票简称将由"ST 众泰"变更为"众泰汽车"，自此众泰汽车的股价完全恢复了正常交易。

相较于上一次的撤销，这次的消息可以算是比较重磅的利好消息了，因此股价出现短期涨停式暴涨一点儿也不奇怪，毕竟这种走势在前期已经出现过很多次了，投资者跟随做多即可。

但仅仅数日之后股价就出现了见顶反转的迹象，同时成交量在高处放出巨量，大量卖盘的压制使得股价迅速下跌并接连跌破中长期均线的支撑，与前期的利好消息形成了明显的非技术面背离。

按理来说，公司处于困境时的股价都能接连暴涨，当其恢复正常后市场也更应该大批买进才是，为什么会出现这种情况呢？

其实投资者要明白，前期的暴涨大概率是刻意为之的，并非市场自然交易而成。在风险警示板中交易时，这些机构或主力还能以相对较少的成本推动股价朝着预想的方向前进，但当其回归主板市场，大量散户和其他主力涌入时，拉升就变得不那么容易了。因此当时的机构或主力可能就会趁着利好消息放出的机会进行大幅拉升，然后在高位大批出货撤离，造成股价急剧转折。

当然，这些都是后期根据技术面走势做出的推测，实际情况到底如何，普通投资者是很难知晓的，但这并不影响投资者迅速跟随卖出止损，毕竟这种下行背离的持有风险要比前期上行背离高得多。

拓展知识 风险警示板的交易资格

按照交易所相关规定，被实施风险警示的主板股票、被交易所做出终止上市决定但处于退市整理期尚未摘牌的主板股票，在风险警示板进行交易。个人投资者要想买卖这些高风险股票也是有门槛的。

交易所对于被实施风险警示的主板股票并未做出有关个人投资者交易资格的规定。但对于退市整理股票，交易所要求个人投资者具备 24 个月以上的股票交易经历，且以本人名义开立的证券账户和资金账户内资产在申请权限开通前 20 个交易日日均（不含通过融资融券交易融入的证券和资金）在人民币 50 万元以上。

并且证券公司及其他金融机构应当根据相关规定对个人投资者参与退市整理股票交易的适当性进行审慎评估，不得接受不符合适当性条件的投资者买入退市整理股票的委托。此外，投资者买卖风险警示股票和退市整理股票，应当采用限价委托方式，当日通过竞价交易和大宗交易累计买入的单只风险警示股票数量不得超过 50 万股。

1.1.5　背离共振技术应用

背离共振指的是两个及以上的背离形态在某段走势中同时出现的情况，并且这些背离形态传递出的都是同向的信号。多种背离形态的叠加与共振能够帮助投资者更准确地判断出买卖点，进而提高操作成功率。

一般来说，技术指标是最容易产生背离共振的，尤其是类型接近的技术指标。比如一些超买超卖型指标就可能在某段时间内与股价形成类似的顶、底背离，传递出共振信号。

此外，非技术面背离与技术面背离、大盘指数背离与个股内部背离等也可能产生共振，具体的含义和买卖信号还需根据实际情况来分析。但投资者要明白，共振的背离形态越多、方向越统一，信号强度就越大，因此谨慎型投资者在寻找操作点时可优先选择有背离共振的位置。

下面通过一个案例来了解背离共振的具体表现。

实例分析 通合科技（300491）成交量与 MACD 指标背离共振

图 1-5 为通合科技 2023 年 3 月到 8 月的 K 线图。

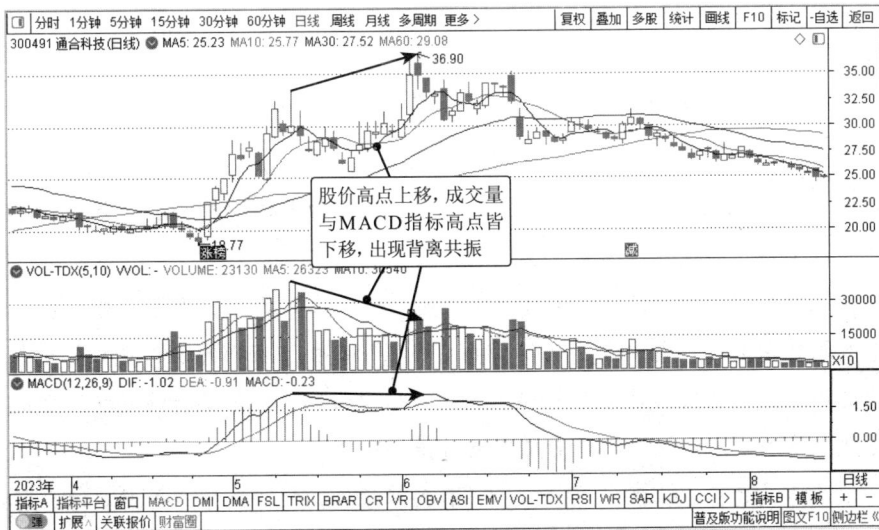

图 1-5　通合科技 2023 年 3 月到 8 月的 K 线图

　　本案例在通合科技的这段走势中采用了多指标窗口显示的方式，便于投资者观察多指标走势情况，以及寻找共振时机。设置方式很简单，投资者在 K 线图中按【Alt+ 数字】组合键即可，【Alt+2】意为一个 K 线窗口和一个副图指标窗口，【Alt+3】意为一个 K 线窗口和两个副图指标窗口，以此类推，投资者可在不同的指标窗口中设置对应的指标。

　　下面来看股价的走势情况，可以发现该股在 2023 年 4 月下旬之前有过一段下跌，不过跌速并不快。在小幅跌破 60 日均线后不久，股价就出现了积极的收阳拉升，连续四根阳线快速将价格拉到了 27.50 元价位线附近，同时成交量也有配合放量形成支撑。

　　再来看下方的 MACD 指标，两条指标线都跟随股价的上涨而向上转折，同样是一种配合走势。在这种买进信号共振的情况下，投资者就可以尝试建仓买进，持股待涨。

　　一段时间后，股价在 5 月中旬达到了短期顶点，在收出一根带长上影线的小阳线后逐渐回调向下。也是在同一天，成交量和 MACD 指标同样到达了近期最高位，随后在股价下行的带动下配合下跌，发出看跌信号共振，对于短线投资者来说是一个卖点。

　　5 月下旬，股价在 30 日均线上方得到支撑后继续上行，这一次成功突破了 35.00 元价位线的压制，并在 6 月初创出了 36.90 元的近期新高。

　　观察成交量可以发现，量柱虽在股价再度上涨的过程中有放大支撑，但其放大的幅度明显不如前期，呈现出高点下移的走势，这与股价高点上移的走势形成了明显的背离。除此之外，MACD 指标线的高点也没能如股价那般明显上移，而是表现为走平，同样形成了背离。

　　显然，成交量与 MACD 指标的表现意味着背离共振出现了。根据各自形态的预示意义来看，股价在创新高的过程中失去了市场的强力支撑，买盘力道下降，那么价格就很可能在不久之后出现短期下跌甚至行情转折，因此这属于看跌背离共振，投资者应当及时借高出货。

　　后市的走势也证实了这一推测，股价很快便出现了回落，并且再次上冲时也没能突破前期高点，数日之后还跌到了 30 日均线之下，更加确定了卖出信号的可靠性，此时还未离场的投资者要抓紧时间离场了。

1.2　背离的有效性与时效性

背离的有效性是需要经过时间或其他分析技术来验证的，并且也具有一定的时效性。如果投资者没有分辨真假背离和背离时效的能力，在实战中非常容易吃亏。

1.2.1　学会区分真假背离

区分真假背离其实就是判断形态传递出的信号是否有效，方向是否正确。但许多背离形态在单独观察时几乎没有任何真假差异，因此投资者有必要借助其他技术分析对象、背离共振等方式来进行信号验证，或者通过背离形态成型后市场的走势来确认。

除此之外，不同行情位置形成的同一种背离形态，传递出的信号方向可能截然不同，投资者不能将其混为一谈。比如在上涨初期出现的量平价涨可能是主力高度锁定筹码，后市看涨的表现；在上涨末期形成的量平价涨就更可能是市场推涨动力不足，股价即将下跌的看空预示。

因此投资者在股市实战时不能只依靠背离技术进行分析，也需要对其他技术分析要点有所了解，才能尽可能地少踩坑。此外，有些假背离传递出的可能并不是完全的失效信号，而是可信度或是强度较低的信号，投资者依旧可以作为参考，但不能将全部资金押在这种背离形态上。

下面直接通过一个案例来观察真假背离的判别。

实例分析 数据港（603881）上涨高位的真假背离

图 1-6 为数据港 2022 年 12 月到 2023 年 5 月的 K 线图。

以成交量和 MACD 指标为分析对象来观察数据港的这段走势，投资者可以看到两段比较明显的背离矛盾。

第一段在 2023 年 1 月初到 2 月初。股价先是在 1 月初被巨量推动突破盘整区间，来到了 27.50 元价位线上方后小幅回落，于 1 月中下旬再度向上攀升并来到 32.50 元价位线附近，高点明显上移。

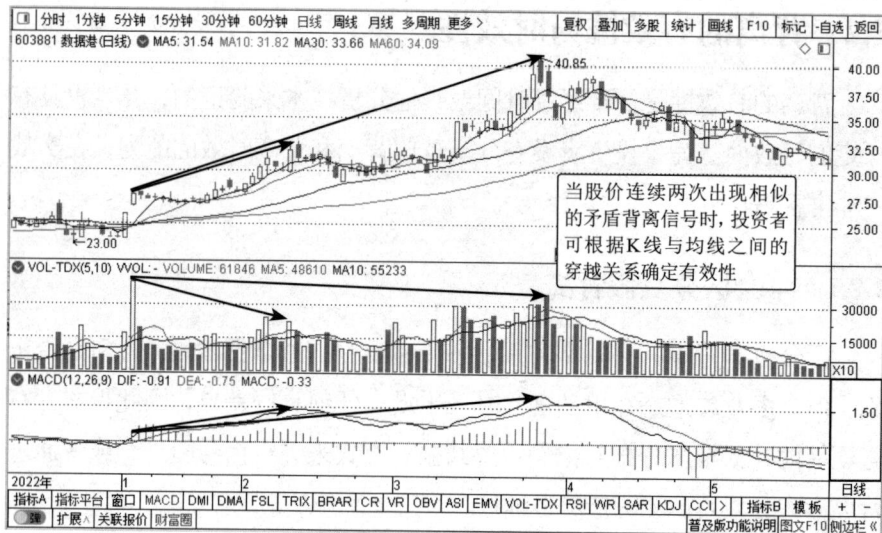

当股价连续两次出现相似的矛盾背离信号时，投资者可根据K线与均线之间的穿越关系确定有效性

图 1-6　数据港 2022 年 12 月到 2023 年 5 月的 K 线图

此时来看成交量的表现，可以看到量柱峰值在同一时期有明显的下移，与 K 线形成了背离。但 MACD 指标的表现却与股价一样，指标线高点有明显上移，因此与成交量的背离产生了矛盾。

此时仅凭两个指标的表现，投资者很难判断出到底哪一个形态传递出的才是真实的信号，因此最好还是不要着急操作，等待后市发展来验证。

2 月上旬，股价在 32.50 元价位线的压制下出现了走平乃至下跌的走势，但在短短数日后就得到了 30 日均线的支撑，然后沿着该均线的运行方向缓慢向上攀升，并最终于 3 月上旬实现了加速上涨。

由此可见，前期 MACD 指标传递出的持续上升的信号是更加可靠的。但成交量的背离也并非完全无用，因为股价确实在 2 月中下旬形成了回调，只是持续时间较短，行情也并未彻底逆转，因此投资者只能说成交量的背离信号相对来说不那么强势。

继续来看后面的走势。股价在经历近半个月的上涨后来到了 40.00 元价位线上方，成交量在此期间也有配合放量，但相较于 1 月初的巨量来说依旧是缩减的，因此背离依旧存在。然而 MACD 指标的高点到了此刻依旧是相较于前期上移的，背离矛盾再现。

根据前期的经验来看，投资者还是需要根据 K 线与均线的支撑或穿

越关系来确定行情是否会发生逆转，但也不能完全忽略成交量背离带来的
风险，因此可以在高位适当减仓，等待后市发展。

4 月上旬，股价在震荡中持续下移，很快便接触到 30 日均线并形成
跌破。这就与前期回调不破的走势有很大差别了，说明股价是有可能出现深
度回调或是行情转势的，因此投资者有必要采取一些措施，比如再度减持。

其实在 30 日均线被 K 线跌破之前，MACD 指标就已经形成了死叉
下行，与缩减的成交量配合释放出了卖出信号。

这时回头来看前期的背离矛盾，可以发现这一次的成交量背离信号是更
加有效的，MACD 指标反倒没能提前做出背离反转预示。可见在瞬息万变
的股市走势中，投资者需要更加灵活地对市场及指标进行分析，而不是死板
地按照前期经验操作。

1.2.2　深浅背离应用与时效

背离形态都是有时效的，投资者不能拿着短期浅背离去预示中长期市
场趋势，同样也不能使用中长期深背离来直接定位买卖点。一般来说，使
用中长期深背离来确定大致的买卖范围，再利用短周期内的浅背离来细化
买点是比较合适的。

不同持股周期和操作风格的投资者对于浅背离和深背离的定义也不尽
相同，并且不同的个股走势所适用的标准也不一样。

比如在一只上涨周期超过一年的大牛股中，投资者要想通过深背离来
确定反转位置，可能就需要长达数月甚至半年的时间来观察深背离是否存
在。如果投资者只想要找到其中一个回调低点来建仓，可能只需要一两周
就能通过浅背离来确定。

同时还需要注意的是，当一种背离形态成型并成功预示出市场走势后，
再往后的股价走向就很少受前期背离形态的影响了，除非它是非常标准的
深背离。因此投资者要注意及时调整和更新自己的分析范围，不要囿于
过去。

下面通过一个案例来具体了解。

实例分析 赤峰黄金（600988）深浅背离应用

图 1-7 为赤峰黄金 2019 年 12 月到 2020 年 6 月的 K 线图。

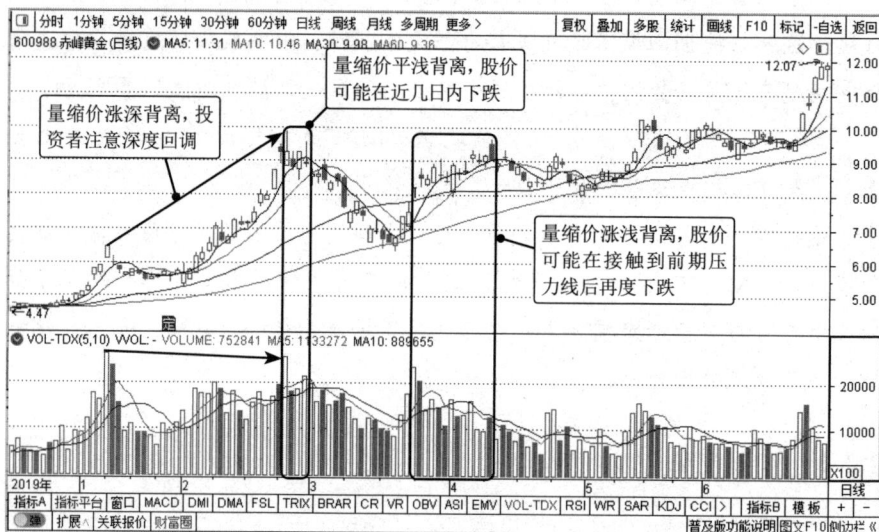

图 1-7　赤峰黄金 2019 年 12 月到 2020 年 6 月的 K 线图

赤峰黄金的股价自 2019 年 12 月底开始上涨，第一波拉升至 6.00 元价位线上方就暂时停滞回调整理了，拉升期间量能急剧增长，对股价形成了强有力的支撑，说明市场参与度极高。

在回调至 30 日均线上方后 K 线逐步收阳开始继续向上拉升，一路稳定上行至 10.00 元价位线附近才受到阻碍走平。观察拉升过程中的量能水平，发现其虽有放量，但整体高度不如前期，形成的是一个量缩价涨的深背离，股价有可能产生转折。

再看股价停滞后的量能表现，发现股价走平的同时量能有明显缩减，结合前期的深背离来看，股价很有可能在短时间内出现转折走势。因此投资者就可以借助量缩价平这个浅背离确定卖点，进而提前离场，及时止盈。

该股在数日之后确实出现了明显的下跌，一直跌破 30 日均线落到 60 日均线上才止跌企稳，短期带来的损失还是比较大的。

3 月下旬，股价经过充分整理后继续拉涨，但在上涨到 9.00 元价位线附近后就与量能形成了量缩价涨的浅背离，结合前期高点的位置来看，股价有可能在 10.00 元价位线附近受阻再度回调。因此手中还有持股的投资者可以考虑减持,场外投资者则不必着急买进。

后续的走势证实了这一点,股价确实在 10.00 元价位线下方出现了再次的回调。不过由于 60 日均线的支撑力十分充足,投资者暂时不用担心行情反转的风险,中长线投资者继续持有即可,短线投资者可先行出局兑利。

经过 5 月和 6 月的多次上冲失败后,投资者也发现了 10.00 元价位线的关键之处。一旦股价在后续成功突破该压力线,行情可能就会有更好的发展,投资者也可以借此机会再次建仓或加仓。这一机会出现在 6 月下旬,但成交量又在突破之后形成了一次浅背离,下面来看具体情况。

图 1-8 为赤峰黄金 2020 年 3 月到 9 月的 K 线图。

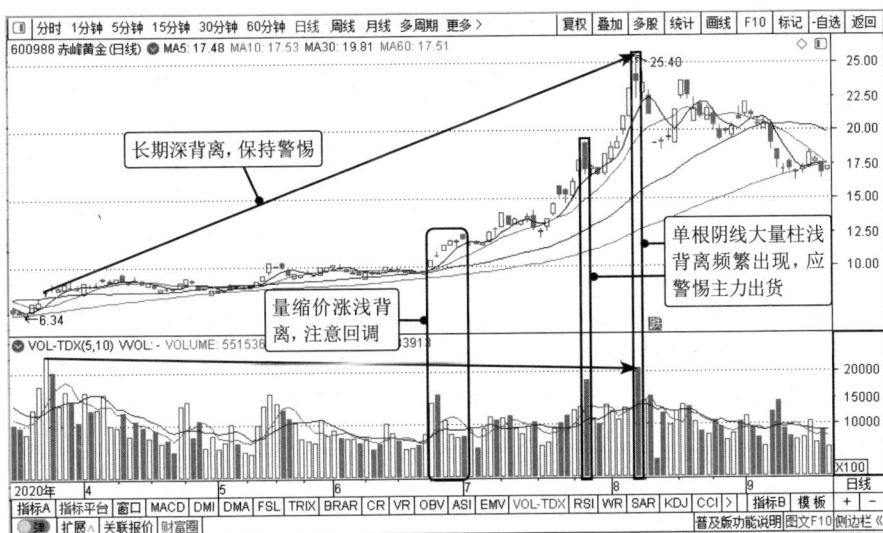

图 1-8　赤峰黄金 2020 年 3 月到 9 月的 K 线图

先来看 6 月下旬的浅背离。成交量在股价上涨的同时出现了明显缩减,预示着短时间内可能又一次形成回调,投资者要注意了。果然,股价在 7 月初出现了数日的回调,但很快就回归了上涨,说明市场推涨的力度较强,股价后市稳定上涨的概率还是比较大的,中长线投资者买进后就可以长期持有,短线投资者则可以分段操作。

不过观察长时段的成交量表现,还是可以看出当前量能相较于前期的缩减，深背离始终存在。因此，投资者需要始终保持警惕，一旦股价下跌幅度过大，就要考虑减持甚至清仓。

随着股价的持续上涨，成交量中开始频繁出现单根阴线大量柱，并且量能越来越大。这就说明市场中的卖盘在不断增加，结合当前的行情位置和股价涨速来看，是主力推涨出货的可能性比较大。

长期的深背离也在提醒投资者保持谨慎，因此，当股价在8月中旬出现连续下跌甚至跌停时，谨慎型投资者就要及时跟随卖出止盈了。8月中下旬股价反弹突破前期高点失败，更加证实了下跌即将到来，惜售型投资者也要迅速清仓了。

拓展知识 关于案例中炒股软件窗口时间轴显示问题的说明

本书会涉及大量案例的解析，关于案例截图中K线图下方的时间轴显示的问题，这里做一个大致说明。

一般情况下，炒股软件窗口大小发生调整或对K线图进行缩放时，都会造成底部的时间轴发生相应的变化，所以书中的案例截图可能存在时间轴上显示的起止日期与分析内容描述的起止日期不一致，或案例截图中的时间间隔不连续的情况。这是软件自身原因造成的，本着客观陈述的原则，为了让读者能够更准确地查阅，本书在进行分析时仍然以实际K线走势的起止日期进行描述。

除此之外，中国沪深股市的交易时间为每周一至周五，周六周日及国家规定的其他法定节假日不交易，因此炒股软件中的K线图时间轴仅显示交易日。

第 2 章

价格背离趋势寻时机

　　个股价格与大趋势之间的背离对于寻找顶部和底部来说十分有效，也是投资者需要掌握的背离技术之一。这里的大趋势可以是大盘指数，也可以是单边行情的走向，具体背离形态和操作方式会在本章中详细介绍。

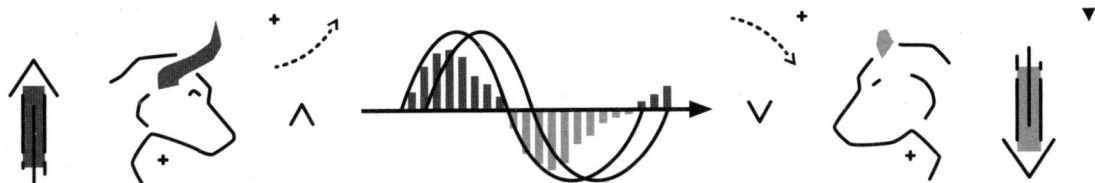

2.1 个股与大盘背离找顶底

大盘指数与其成分股之间是相互影响的，成分股的价格变化关系着大盘指数点的涨跌，而大盘指数点的变化也会影响市场情绪，进而改变个股盘中的注资力度，导致价格发生相应的变化。

所以在很多时候，股本越大的个股与大盘指数的走势越相近，尤其是在大顶和大底的位置，有些个股几乎是复制了大盘指数的变动情况。

但当个股与大盘指数产生背离时，就可能产生逆势上涨的盈利机会或逆势下跌的警示信号。投资者只要能够接收并消化这些背离形态，就有机会抓住牛股的起涨点和熊股的高抛点。

2.1.1 个股背离上证指数

个股与大盘指数之间的背离形态种类还是比较多的，大致可分为两大类：个股的强势背离和弱势背离，下面以上证指数为例来逐一解析。

1. 个股的强势背离

个股的强势背离包含五种情况：个股先于大盘上涨、大盘下跌时个股上涨、大盘下跌时个股走平、个股突破大盘整理区域及个股越过大盘顶部。

①个股先于大盘上涨指的是在大盘指数尚且低迷的情况下，个股先行出现了上涨，并且在后续大盘形成上升走势后更加强势，有助于投资者提前定位抄底点。

②大盘下跌时个股上涨指的是个股逆着大盘指数的下跌趋势而上涨，二者运行方向背道而驰，一般是强势牛股才具备的能力。但如果大盘指数处于长期下跌状态，那么个股的上涨可能不会持续太长时间，投资者要注意选择合适的卖点。

③大盘下跌时个股走平指的是个股在大盘指数下跌的过程中保持横向震荡的走势。这种背离其实算不上特别强势，只能说是市场保持住了当前

的稳定走势，未来有上涨的机会。但投资者也不可立即介入，而是要等到上涨到来时再决策。

④个股突破大盘整理区域指的是在大盘指数从上涨进入整理状态后，个股也会进行回调，但能够在回调后期提前强势向上突破形成上涨，脱离大盘整理的束缚，可帮助投资者建仓或加仓。

⑤个股越过大盘顶部指的是大盘在趋势见顶或阶段见顶后出现下跌，但个股还在继续上涨甚至直接越过大盘的顶部，一段时间后才见顶，仿佛有惯力在推动，投资者可借此提前止盈或多赚取一些收益。

以上这五种情况对于投资者来说有利有弊，具体还需根据实际情况来分析。到底是果断建仓还是继续观望，是及时止盈还是惜售持有，也要根据投资者自身的资金情况和风险承受能力而定。

下面来看一个具体的案例。

实例分析 **兖矿能源（600188）大盘指数强势背离**

图 2-1 为兖矿能源 2021 年 2 月到 2022 年 10 月的 K 线图。

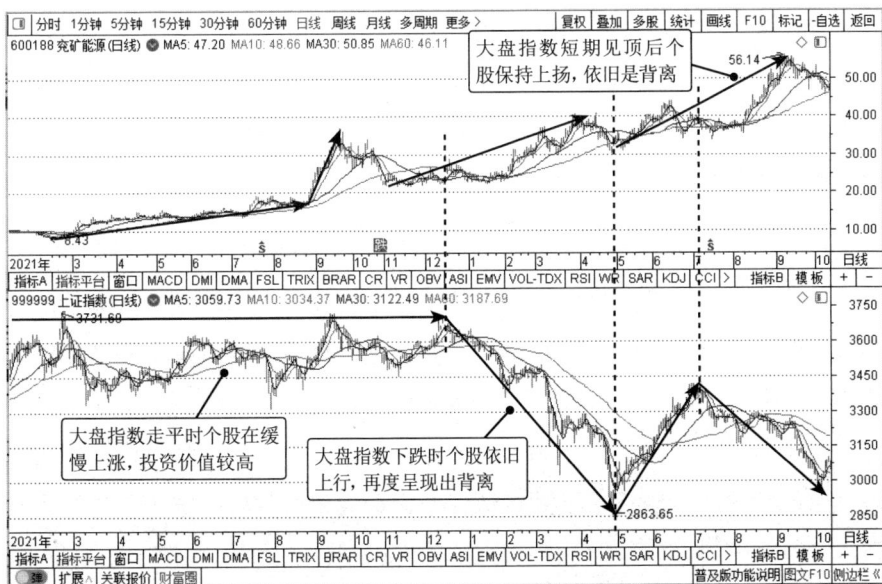

图 2-1　兖矿能源 2021 年 2 月到 2022 年 10 月的 K 线图

从图 2-1 中可以看到，兖矿能源的股价走势与上证指数点的走势并不相似，期间产生了大量的背离，且根据兖矿能源的积极上涨情况来看，大部分背离都属于强势背离。

第一波比较明显的强势背离形成于 2021 年初到 2021 年 9 月底，大盘指数在长期横向震荡的情况下，兖矿能源的股价却出现了稳定的上涨，到后期甚至加快了涨速，一个月左右的时间就几乎实现了翻倍，强势背离十分清晰。那么在这种情况下，投资者就可以尝试着注资持股，抓住牛股的强势行情。

进入 12 月后，上证指数开始明显下跌，并在 2022 年 1 月底跌破了前期横盘下边线，进入了更加弱势的下跌行情中。同一时期的兖矿能源股价却在横盘整理一段时间后强势拉升，再度与大盘指数形成了强势背离。结合前期该股的积极上升来看，后市的收益可能会更加可观，投资者可以继续持有或在借高出货后重新建仓买进。

到了 2022 年 5 月初，兖矿能源的股价与上证指数的走势就比较吻合了，二者都出现了不同程度的上升。随着上证指数的短期见顶下跌，兖矿能源的股价只是小幅回落并横向整理了一段时间，随后就继续上升了，短期涨速还比较快。

很显然，这是个股越过大盘顶部的强势背离。这种背离一般不会持续太长时间，尤其是当上证指数持续下行时，市场的注资力度也会跟随出现缩减。因此当投资者发现兖矿能源的股价很快创出新高并有拐头向下的趋势时，就要及时止盈卖出，防止被套。

2. 个股的弱势背离

个股的弱势背离同样包含五种情况：个股先于大盘下跌、大盘上涨时个股下跌、大盘上涨时个股走平、个股跌破大盘整理区域及个股跌破大盘底部。

①个股先于大盘下跌指的是当大盘指数还处于上涨或是高位整理状态时，个股却先一步出现了下跌走势，与之形成背离，传递出走弱信号，投资者需及时出局。

②大盘上涨时个股下跌指的是当大盘处于上涨状态时，个股却呈现下

跌走势。反向的背离往往意味着个股存在一定的问题，如利空消息的打击、重大事件的影响或是主力在操作等，投资者要注意及时止盈或止损。

③大盘上涨时个股走平指的是个股在大盘指数上涨的过程中保持横向震荡的走势。这种背离也不能算强势，只是个股的投资价值会在短时间内有所下降，投资者可以先行出局观望，等到后市出现变盘后再决策。

④个股跌破大盘整理区域指的是大盘指数在经历一段时间的下跌后形成横盘整理走势，但个股在跟随横盘一段时间后再次下探击穿了大盘的整理区域，进入新的下跌走势中。这也是一种明显的看跌信号，投资者不可长久停留。

⑤个股跌破大盘底部指的是大盘在经历长时间下跌后开始在某一位置筑底蓄势，但此时个股却延续了前期的下跌走势，直接击穿了大盘底部向更低位置滑落。如果大盘筑底时间不长或是已经见底回升开始上涨，那么个股大概率会在下跌一段距离后跟随反转上升；如果大盘筑底时间较长，甚至在震荡中反复下探，那么个股有可能会持续下跌，直到大盘回升后才会跟随大盘止跌。

对待不同的弱势背离，投资者应当根据实际情况作出相应的决策。

下面来看一个具体的案例。

实例分析 ST 起步（603557）大盘指数弱势背离

图 2-2 为 ST 起步 2021 年 12 月到 2023 年 5 月的 K 线图。

图 2-2 展示的是 ST 起步的股价走势与上证指数点的走势对比，从 K 线图中可以看到，在 2021 年 12 月到 2022 年 4 月底，二者的走势还是比较同步的，都是在震荡中向下运行，期间投资者该撤离的撤离，该场外观望的场外观望。

但在上证指数创出 2863.65 点的新低并强势反转上升时，ST 起步的股价却并没有呈现出相应的积极上涨，而是在小幅回升一段距离后就开始走平甚至小幅回调，呈现出弱势背离。显然这是股价走势跟不上大盘趋势，投资价值不高的信号，所以投资者不可轻易介入。

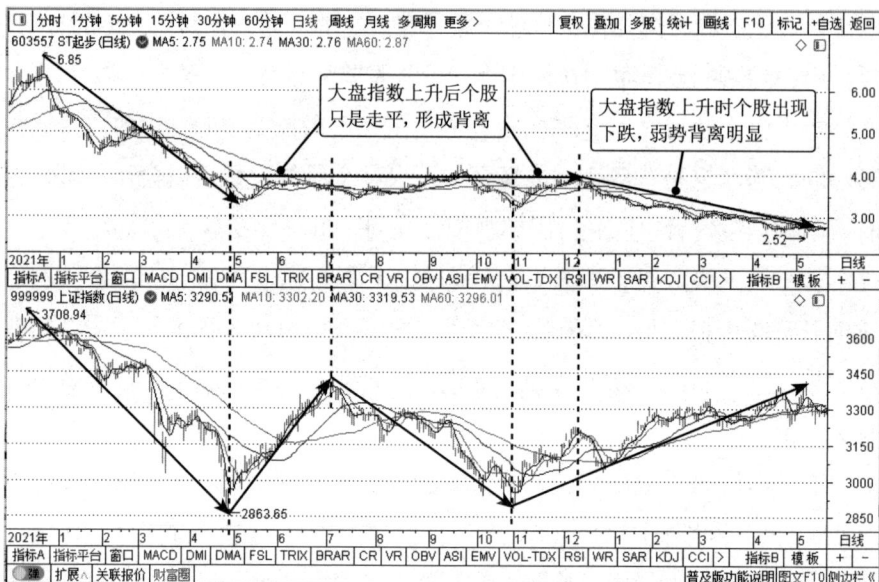

图 2-2 ST 起步 2021 年 12 月到 2023 年 5 月的 K 线图

7 月初，上证指数短期见顶后进入下跌，此时的 ST 起步依旧处于走平状态，弱势背离转变成为强势背离。这是股价有希望上涨的信号，但根据该股前期的表现来看，它能够为投资者带来的收益可能有限，风险承受能力较弱的投资者还是不要轻易参与了。

11 月初，上证指数出现了回升走势，ST 起步的股价也有相应的上涨，但涨幅不大，甚至在 12 月之后上证指数持续上扬的过程中还出现了转势下跌的情况，说明该股确实整体走弱，投资价值不高，此时还在场内的投资者只能及时止损卖出，另寻优质个股操作。

2.1.2 细分领域指数的背离

细分领域指数指的是根据某种标准划分出的更加具体、细化的指数，比如根据上市公司所处行业划分的行业板块指数，比如通信设备板块指数（880490）；根据上市公司所处地区划分的地区板块指数，比如青海板块指数（880206）；根据上市公司主营业务概念划分的概念板块指数，比如液冷服务器板块指数（880685）；根据编制要求筛选而出的风格板块指数，比如昨日强势板块指数（880690）等。

这些细分领域指数所包含的成分股大多有几百只，因此成分股与指数之间的联系更加紧密，走势也更加契合，那么二者产生的背离就更能预示出买卖信号。

不过需要注意的是，包含个股越少的指数，其走势受到成分股中大盘股走势的影响就越大，契合度越高，因此可能更多地会与小盘股形成背离，投资者不可盲目将这些背离当作股价即将上涨或下跌的信号，而是要根据实际情况具体分析，必要时可查看个股的基本面信息。

下面通过稀缺资源指数（880505）及其成分股平煤股份（601666）的背离来解析。

实例分析 稀缺资源指数与平煤股份的趋势背离

稀缺资源指不可再生的资源，且对于其他行业的生产经营活动十分重要，主要包括特种金属、稀贵金属、稀贵能源等。一直以来，稀缺资源板块都是 A 股市场中的重要组成部分，其中包含不少老牌大盘股和强势牛股，如大龙头紫金矿业（601899）、中矿资源（002738）和昊华能源（601101）等。

板块中的个股基本都具有比较高的投资价值，投资者可以多关注该板块的走势，同时注意其中的强势背离。本案例选取的是稀缺资源板块成分股中的平煤股份，下面先来看指数和个股的走势。

图 2-3 为稀缺资源指数 2021 年 4 月至 2022 年 12 月的 K 线图。

图 2-4 为平煤股份 2021 年 4 月到 2022 年 12 月的 K 线图。

图 2-3 和图 2-4 分别展示了稀缺资源概念板块指数及其成分股平煤股份的走势，图中都用虚线划分出了清晰的片段，方便投资者观察背离情况。

先来看前面两段走势，也就是 2021 年 4 月到 9 月中旬以及 9 月中旬到 11 月中旬两部分，从 K 线图中可以看到，无论是稀缺资源板块指数还是平煤股份，都呈现出比较规律的上涨→回调→再上涨→见顶下跌的走势，二者契合度比较高，因此，投资者就可以按照常规操盘方法进行买卖。

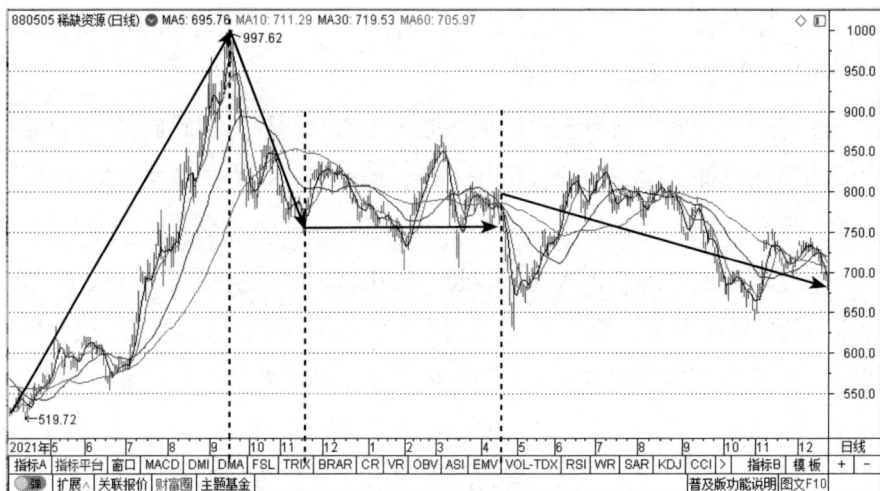

图 2-3　稀缺资源指数 2021 年 4 月到 2022 年 12 月的 K 线图

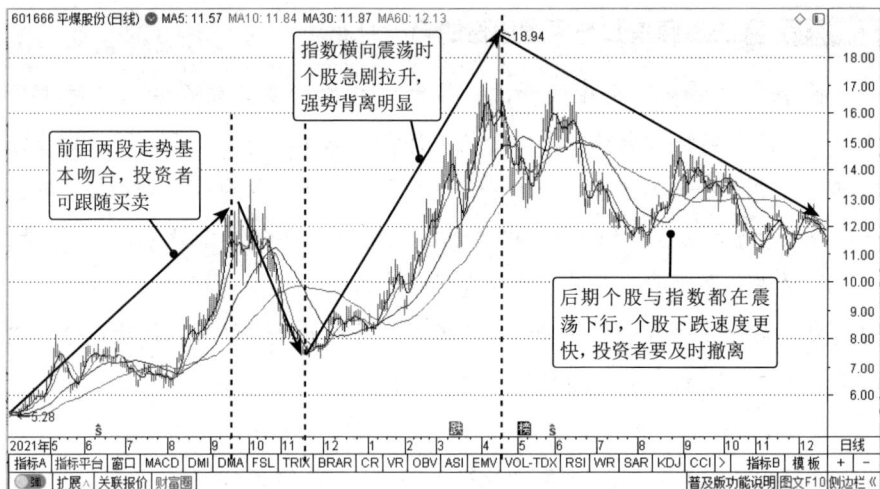

图 2-4　平煤股份 2021 年 4 月到 2022 年 12 月的 K 线图

2021 年 11 月中旬，稀缺资源板块指数下跌到 750 点附近止跌反弹时，平煤股份的股价出现了相应的上涨。随着时间的推移，稀缺资源板块指数反弹突破前期高点失败后继续下跌，但平煤股份的股价却在短暂回调后继续强势拉升，并在后续数月内实现了翻倍，涨幅极为惊人。

这显然是一次十分强势的背离，说明该股可能在这段时间内成为板块中的领涨龙头股，投资价值超越了板块平均，投资者可以趁着背离尚未结束迅速跟进，抓住买入机会。

这样的走势一直持续到 2022 年 4 月中旬，稀缺资源板块指数突然加快下跌速度并很快跌破前期盘整区间下边线，进入了更低的运行区间。与此同时，平煤股份的股价也终于在获利盘的大量出货和板块指数加速下跌带来的双重压力下拐头向下，形成转折。

而后续的走势中，稀缺资源板块指数与平煤股份的股价走势就比较相似了，二者都是在震荡中向下运行，只是个股下跌的速度要快一些，说明盘中的抛压比较强盛，投资者要抓住时机高抛离场。

2.2　周期 K 线间的背离

一般来说，多数炒股软件中都将 K 线图的单根 K 线默认为日 K 线，即一根 K 线代表一个交易日的股价走势，但这并不意味着 K 线周期只有日。

在 K 线图上方的菜单栏中，还包含了从 1 分钟 K 线到月线乃至更多自定义周期的选项，投资者只需选择目标周期 K 线选项即可实现快速切换，如图 2-5 所示。如果投资者在显示出的菜单栏中找不到自己想要切换的周期，可选择右侧的"更多﹥"选项，在下拉菜单中选择对应的周期，或者选择"周期设置"选项进行进一步设置即可。

与日 K 线的代表含义类似，如果投资者将其切换为 1 分钟 K 线，那么一根 K 线代表的就是一分钟的交易情况；相同的，如果投资者将其切换为月线，那么一根 K 线代表的就是个股一个月的交易情况。

由此也衍生出一个问题，那就是当一长段走势被浓缩到一根或几根 K 线中时，内外部会不会产生背离呢？比如长周期 K 线显示连续收阳积极上涨，但在日 K 线图中显示出的则是震荡式的上升，盘中趋势并不稳定。

这种情况显然是存在的，如果投资者能够善加利用，未尝不能将这种看似不利的背离转化为对自己有利的预示信号。

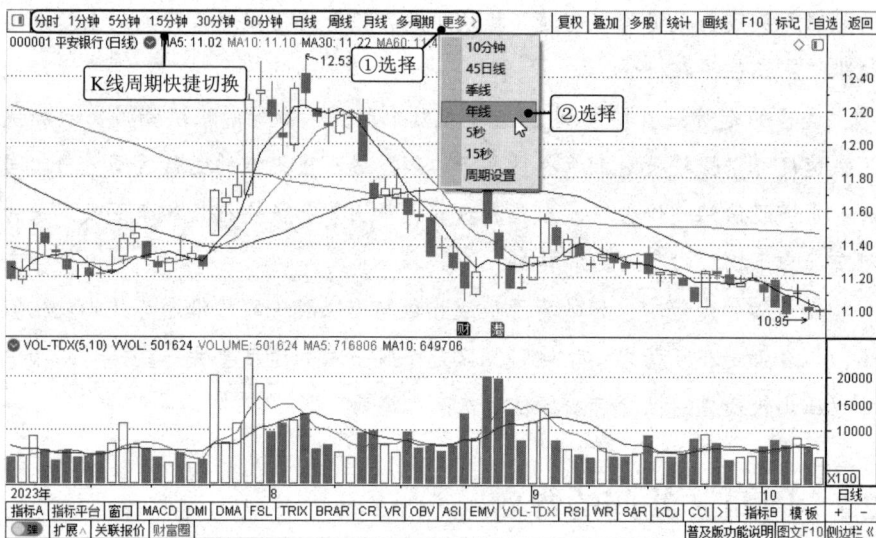

图 2-5　K 线周期切换

2.2.1　单根长周期 K 线内部背离

单根长周期 K 线内部背离主要体现在 K 线的阴阳性质上，因为长周期 K 线的开盘价和收盘价是由该周期起始位置的开盘价、收盘价决定的。比如月 K 线，其开盘价就是当月第一个交易日的开盘价，收盘价则是当月最后一个交易日的收盘价。

由此可见，投资者通过单独一根月 K 线是无法完全知悉这一个月股市中的详细交易情况的。如果股价在这一个月内先降后升，不过最终没能越过第一个交易日的开盘价，那么当月的月 K 线就会呈现为阴线。但股价在后续已经完成了止跌回升的积极转变，就与月 K 线产生了背离。

一般来说，这种背离在行情底部或阶段底部比较常见，并且月 K 线通常会表现为带长下影线的实体偏小的阴线。因为股价在这一个月内有明显的下探行为，导致当月最低价与开盘价、收盘价之间的差距较大，月 K 线的下影线自然会被拉长。股价先降后升的走势也会使得开盘价、收盘价靠得比较近，因此 K 线实体会比较小。

所以投资者如果在下跌趋势运行一段时间后发现了这种形态的长周期

K 线（不一定是月 K 线，周 K 线也有可能），就要意识到股价见底反转的可能，激进型投资者甚至可以借此抄底。

当然，如果反向来思考，当一根带长上影线实体偏小的阳线出现在行情顶部或是阶段顶部，是不是意味着股价有见顶反转的可能呢？相信投资者可以自行判断出结果，所以在实战中也要注意这种长周期 K 线形态。

下面来看一个具体的案例。

实例分析 森远股份（300210）行情顶部周 K 线内部背离

图 2-6 为森远股份 2023 年 7 月到 2024 年 3 月的周 K 线图。

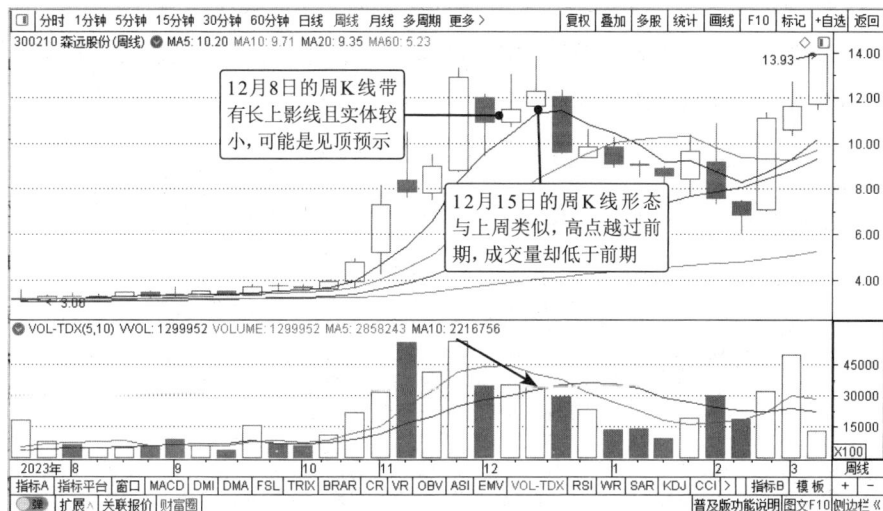

图 2-6　森远股份 2023 年 7 月到 2024 年 3 月的周 K 线图

许多投资者，尤其是中长线投资者会有通过长周期 K 线观察整体趋势的习惯，在确定当前市场情绪基调后再进入日 K 线图中寻找合适的买卖点，因此这里先来看森远股份的周 K 线走势。

从图 2-6 中可以看到，股价从很早之前就出现了上涨走势，只是在 10 月之前的涨速都比较缓慢，直到进入 10 月后才有了更加积极的拉升，并且每周的涨速都有所提高，证明市场推涨力度较大。再加上下方成交量的配合大幅放量，投资者有理由认定是主力在出手拉升，因此就可以趁机跟进抄底。

继续来看后面的走势。该股在进入 11 月后就出现了小幅的回调，周

K线收出一根带长上影的小阴线，成交量也有明显放量，说明市场正在集中抛盘兑利，场内交易活跃度较高。

但股价就此反转下跌的可能性较小，毕竟才开始拉升一个月，主力获得的利润有限，后市大概率还有一段上涨，投资者可根据自己的资金情况决定是否先行兑利。

在后续一个月左右的时间内，股价在震荡中不断上行，直到越过12.00元价位线后才有滞涨迹象，成交量也出现了缩减背离。而在12月中上旬形成的两根周K线都是带有长上影线的小实体阳线，前一根阳线最高点没能越过11月底的大阳线高点，后一根阳线的最高点也只是小幅越过。

配合成交量的背离来看，股价在此见顶的可能性比11月初高得多。因此投资者有必要进入日K线图中观察具体情况，并且还要尽快决定是否就此止盈出局。下面来看森远股份这段时间内的日K线走势。

图2-7为森远股份2023年10月到2024年1月的日K线图。

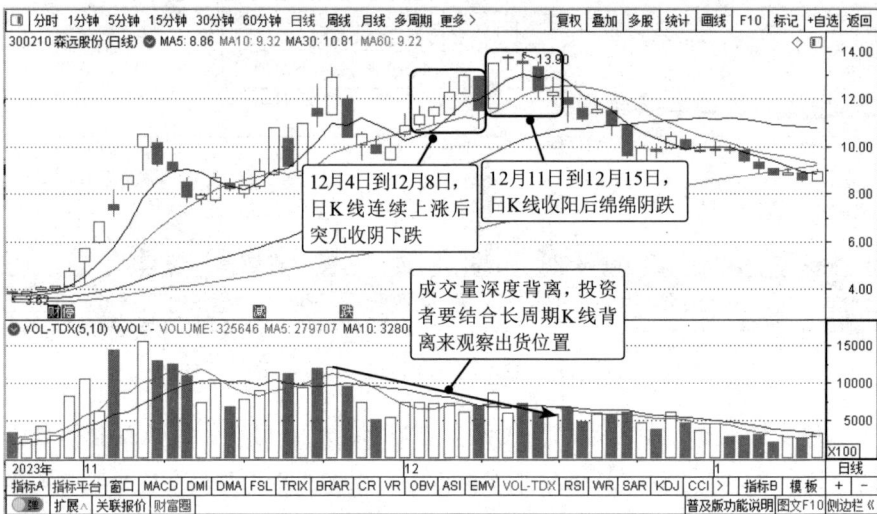

图2-7　森远股份2023年10月到2024年1月的日K线图

从图2-7中可以看到，森远股份的股价在10月底到11月初的拉升非常快速，成交量放量剧烈，并且量能在后续的很长一段时间内都没能超越这一次，与高点持续上移的股价形成了长久的成交量深背离，这提醒着投资者要注意反转时刻。

12 月 4 日到 12 月 8 日，正是周 K 线图中第一根带长上影线的小实体阳线内部的走势，可以看到股价在前四天内都处于缓慢但稳步上涨的过程中。但就在上涨靠近前期高点时，K 线突兀收出了一根实体较大的阴线，下影线还比较长，说明股价在当日出现了急速的下跌。再加上当日的量能有所放大，主力出货的可能性比较大，此时机警型投资者要注意先行撤离了。

12 月 11 日到 12 月 15 日，股价也是先升后降，但当周的第一根阳线实体非常长，单日涨幅已经达到 17.60%。而前一日股价刚经历过快速下跌，那么这里的拉升可能是主力推高出货或是短暂震仓后继续拉升的表现。投资者若把握不准，就需要根据后市的股价走势来做进一步的判断。

当周的第二根 K 线依旧是阳线，但实体极小，再往后一根 K 线就开始收阴了，整体呈现出突破困难的走势。再加上成交量一直没有给予有力支撑，股价短时间内上涨的概率较小，谨慎型投资者还是以先行出局为妙。

下面再来看一个形成于底部的单根周 K 线内部背离。

实例分析 金盘科技（688676）行情底部周 K 线内部背离

图 2-8 为金盘科技 2021 年 12 月到 2022 年 8 月的周 K 线图。

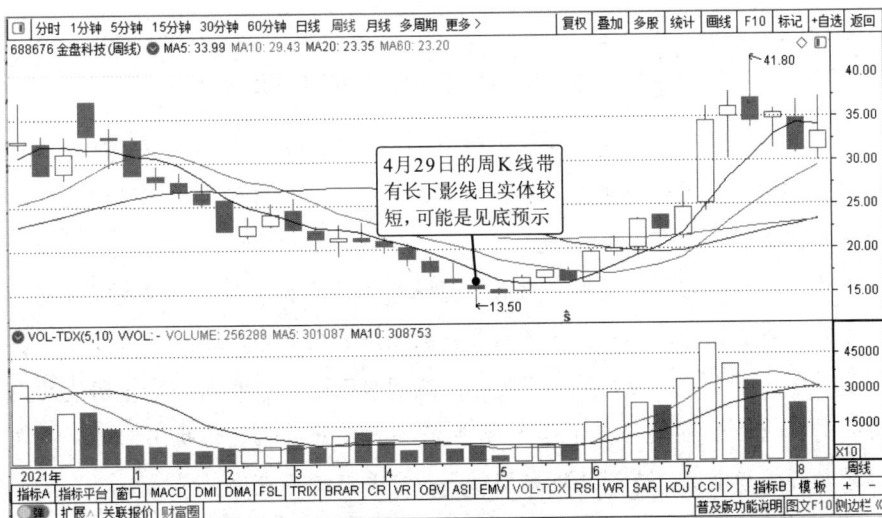

图 2-8　金盘科技 2021 年 12 月到 2022 年 8 月的周 K 线图

在金盘科技的这段周 K 线走势中，行情由弱转强的趋势十分清晰，而在转折形成的底部，K 线收出了一根带长下影线的小实体阴线，并且当周也创出了最近的新低。

在经历了近六个月的下跌后，带长下影线的小实体阴周线很可能意味着反转或是反弹的即将到来。但单凭周 K 线图中的信息，投资者不能完全确定，因此还需进入日 K 线图中进一步观察。

图 2-9 为金盘科技 2022 年 3 月到 6 月的日 K 线图。

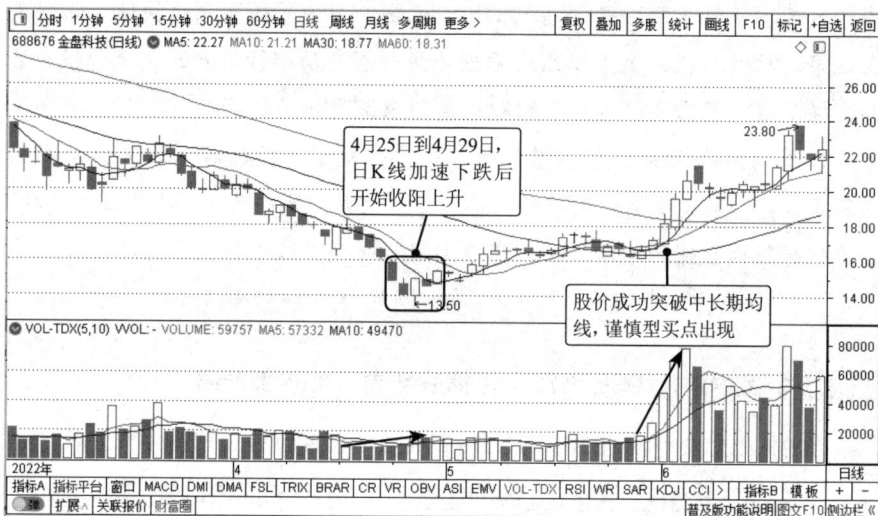

图 2-9　金盘科技 2022 年 3 月到 6 月的日 K 线图

在前期股价下跌的过程中，K 线大部分时间都是收阴的，下跌速度比较恒定，期间偶有反弹但幅度都不大。到了 4 月下旬，股价却出现了明显的加速下跌，成交量也有小幅放量。

在下跌后期形成的量增价跌往往意味着主力在出手压价，以便吸纳更多低位筹码以备拉升，因此投资者需要特别关注近期走势。

4 月 25 日到 4 月 29 日，正是周 K 线图中带长下影线的小实体阴线的内部走势，可以看到股价在 4 月 27 日见底的当日就有明显的收阳回升，并在后续数日持续上涨，直到接近当周第一个交易日的开盘价。

此时投资者还不能确定上涨趋势的到来，因此也不能轻举妄动。但只要再等一段时间，投资者就能发现市场明显的情绪转变，K 线开始连续收阳向上靠近中长期均线，在成功突破 30 日均线后横向运行，并成功于 6 月初强势拉升突破 60 日均线。成交量也有明显放量支撑，说明上涨趋势已经到来，谨慎型买点形成，投资者可以尝试跟进了。

2.2.2　周期 K 线趋势小幅背离

周期 K 线趋势小幅背离与单根长周期 K 线内部背离是比较类似的，但这种背离观察的并非单根长周期 K 线，而是连续数根。

很多时候由于上涨行情或下跌行情的连续性，长周期 K 线可能会呈现出连续的收阳或收阴，单独看来似乎并没有太好的建仓或离场机会。但投资者如果再观察细致一些，发现这些连续的长周期 K 线都带有明显的上下影线，就大概率说明股价在日 K 线图中有比较剧烈的波动。

这就为投资者后续的高抛低吸创造了机会，即便投资者赶不及在这段趋势中买卖，也可以根据这段走势来预测后市的股价走向，看是否还有上涨机会，需不需要及时卖出或建仓。

下面来看一个具体的案例。

实例分析 华海诚科（688535）周 K 线上涨趋势小幅背离

图 2-10 为华海诚科 2023 年 4 月到 2024 年 3 月的周 K 线图。

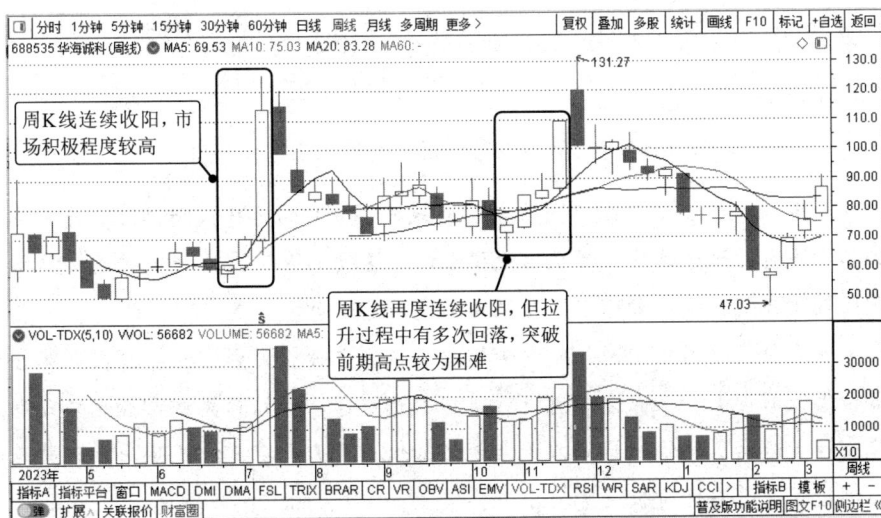

图 2-10　华海诚科 2023 年 4 月到 2024 年 3 月的周 K 线图

　　根据华海诚科的周 K 线走势来看，该股在很长一段时间内都呈现出猴市震荡，每一次涨跌都无法维持太长时间。因此投资者在这种行情中买卖时更需要注意背离情形的出现，并借助其及时止盈止损。

　　2023 年 6 月底到 7 月上旬，周 K 线连续收出了三根阳线，并且阳线实体越到后期越长，最后一根的涨幅甚至达到了 62.83%。这说明市场在这三周内出现了较为突兀又剧烈的注资推涨，这一点从下方急剧放大的量能也可以看出。

　　下面来看日 K 线图中这段时间的情况如何。

　　图 2-11 为华海诚科 2023 年 6 月到 12 月的日 K 线图。

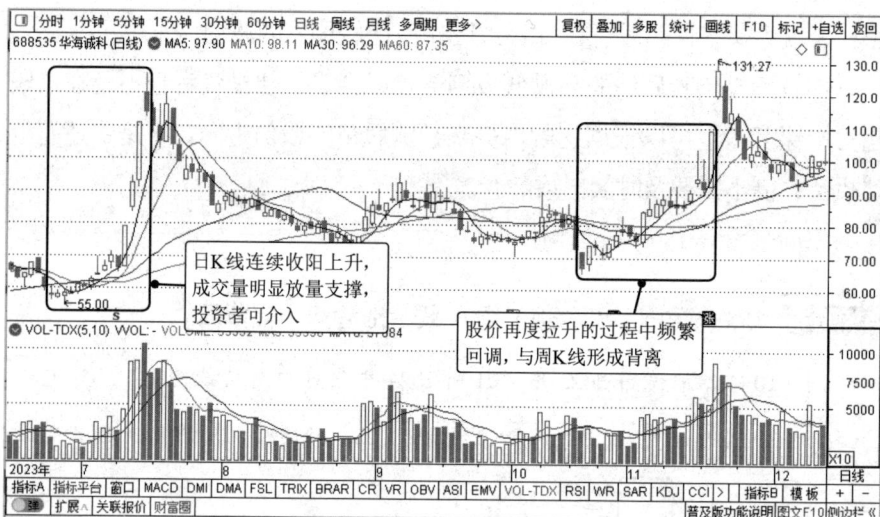

图 2-11　华海诚科 2023 年 6 月到 12 月的日 K 线图

　　日 K 线图中 6 月底到 7 月上旬，K 线大部分时间都在收阳拉升，并且越到后期股价的涨速越快，甚至出现了涨停。这段走势与周 K 线中的连续收阳是比较吻合的，投资者可以借此机会迅速跟进建仓。

　　但在接近 7 月中旬时，K 线骤然收出了一根带长上影线的阴线，虽然当日价格依旧在上涨，但这根阴线与周 K 线形成了一定的背离。再加上当日量能有放大背离，股价短时间内也实现了翻倍，主力是有可能就此出货的，谨慎型投资者最好提前卖出兑利。

果然此后股价就出现了快速的下跌，在顶部形成一个尖锐的反转，成交量也跟随大幅缩减，市场交易热情明显下降，此时还未离场的投资者要抓紧时间。

下面回到周 K 线图中观察下一波上涨的情况。

从图 2-10 中可以看到，该股在下跌到 70.00 元价位线附近后暂时止跌，开始横向的长期震荡，一直到 10 月下旬收出一根带长下影线的小阳线后逐步上升，向着前期高点靠近。

虽然在上涨过程中周 K 线一直收阳，但上涨速度明显不如前期，成交量放量程度也稍逊于前期，有可能是市场注资力度不足的原因。下面再来看日 K 线图中当时的情况。

从图 2-11 中可以看到，股价从 10 月下旬开始逐步上涨，但期间经历了数次回调，收阴频率比前期高了不少，整体呈现出压力重重的感觉，与连续收阳的周 K 线形成了一定的背离。那么投资者在买进时就一定要注意仓位管理，以降低随时可能到来的反转风险。

一直到 11 月中旬，日 K 线才收出一根长阳线向上拉升接近了前期高点，次日甚至还实现了小幅突破。但因为市场抛盘的压力较大，股价在突破后就迅速反转下跌，在周 K 线图中呈现出的就是大幅的收阴。

根据前期股价快速反转形成尖顶的经验来看，这一次也可能出现相似的状况，因此场内投资者就要迅速抓住时机借高卖出，保住前期收益。

接下来再看一个下跌趋势中的小幅背离案例。

实例分析 卓翼科技（002369）周 K 线下跌趋势小幅背离

图 2-12 为卓翼科技 2021 年 11 月到 2022 年 9 月的周 K 线图。

在卓翼科技的这段周 K 线走势中，股价的下跌显得十分突兀。原本长期处于 7.00 元价位线上方横向震荡的行情于 2022 年 2 月下旬出现了剧烈的变动，周 K 线收出一根实体极长的阴线，跌幅达到了 23.50%。

后续数月时间内周 K 线都没有明显的反弹，甚至都没有出现过一次收阳，可见此次下跌的连续性，此时投资者不可轻易买进。

下面来看一下日 K 线图。

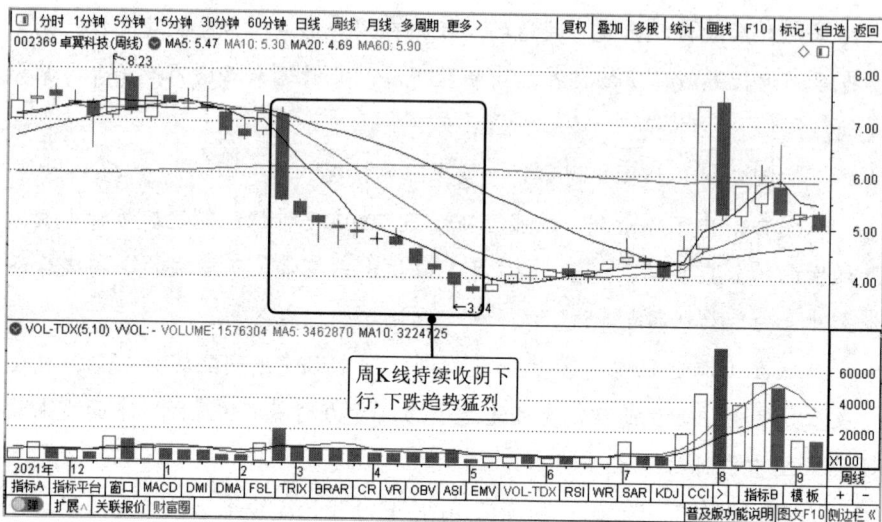

图 2-12　卓翼科技 2021 年 11 月到 2022 年 9 月的周 K 线图

图 2-13 为卓翼科技 2022 年 2 月到 8 月的日 K 线图。

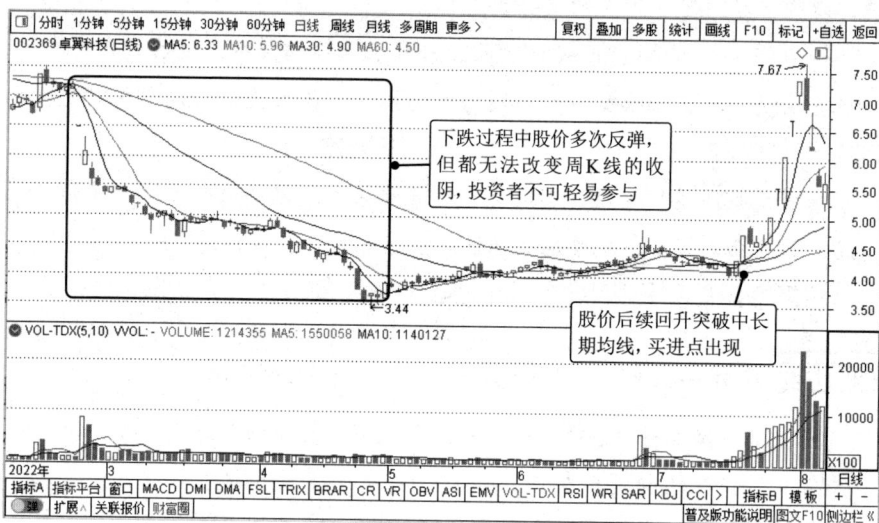

图 2-13　卓翼科技 2022 年 2 月到 8 月的日 K 线图

进入日 K 线图中观察当时的走势，可发现股价在初始下跌时就出现了一字跌停，开板后虽有回升，但也只持续了一个交易日，后续就再度快速下跌了。不过在未来数月时间内日 K 线还是有多次收阳反弹的，与连续收阴的周 K 线形成了背离，但由于反弹幅度较小，依旧无法改变市场的颓势。

下跌到后期时，日 K 线出现了明显的加速下跌，并且在接触到 3.44 元的底部后很快回升，使得周 K 线中出现了一根带长下影线的小实体阴线，预示出了上涨信号。但由于前期下跌过程中也出现过这种情况，投资者无法准确区分反弹与行情反转的差别，因此还是应以场外观望为佳。

6 月下旬，日 K 线终于成功向上突破 60 日均线，后续回调整理一段时间后继续上行，确认了下方支撑力，此时谨慎型投资者也可以跟进了。

2.2.3 日内走势背离外部趋势

日内走势其实就是分时走势，其中会显示每 1 分钟股价的交易情况，因此与 1 分钟 K 线走势是一样的，这里就放在周期 K 线中介绍。分时走势能够提供的单日信息量更为丰富和细致，而且投资者要买卖也只能在分时图中进行，因此日内走势的背离情况也是投资者需要了解和掌握的。

分时走势与 1 分钟 K 线只是在表现形式上有所不同，因此它也有可能与大趋势之间产生背离。

举个简单的例子，当外部趋势正向好时，分时走势却出现了突然跌停等明显的看空形态，就可能意味着回调或是反转即将来临。如果投资者能够及时发现这些异常，就有机会在行情转势之前提前兑利卖出，保住前期收益的同时降低被套风险。

相反的，当外部趋势走弱时，分时走势却出现了突然涨停等明显的看涨形态，就可能意味着强势反弹或是上涨行情的到来。如果投资者足够果断、判断足够准确，就有机会实现低位建仓抄底，降低持股成本。

当然，这里提到的都是一些比较极端的情况，但也只有极端的背离情况才能传递出足够可靠的信号。如果分时走势只是单纯地与外界趋势形成相反的走向，盘中并未出现其他明显的预示形态，其传递出的信号是不足以令投资者立即作出决策的。

因此，即便要利用日内走势与外部的背离做抄底和逃顶，投资者也不能过于草率，最好再观察一段时间，同时注意外部 K 线走势有没有可供参考的信息，最终确认信号可靠度后再操作。

下面来看一个具体的案例。

实例分析 **广脉科技（838924）日内走势与大趋势的背离**

图 2-14 为广脉科技 2023 年 11 月到 2024 年 2 月的 K 线图。

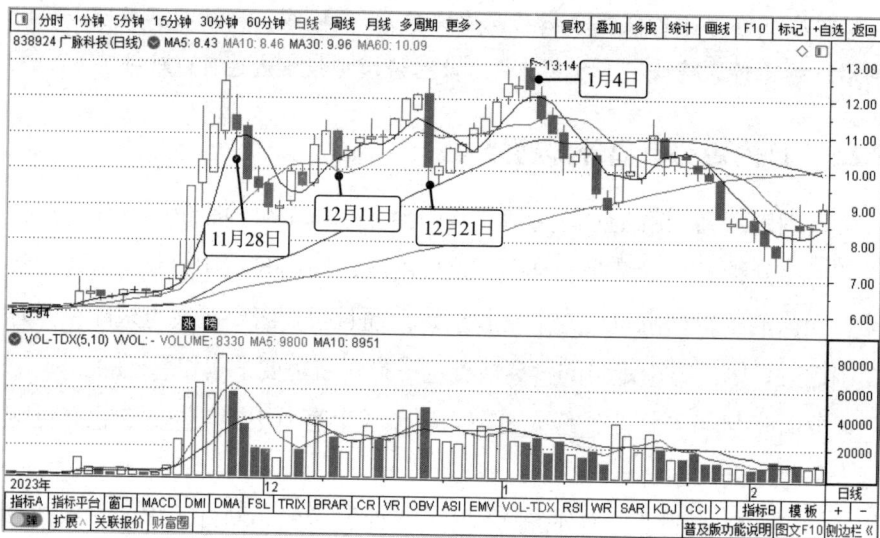

图 2-14　广脉科技 2023 年 11 月到 2024 年 2 月的 K 线图

观察广脉科技的这段走势，可以发现股价是从 2023 年 11 月初开始上涨的，期间遇到过 7.00 元价位线的阻碍，但最终还是成功实现突破上涨。不过在运行到 13.00 元价位线下方后，该股又一次受到压制并形成了明显的回调整理。在后续的一个多月时间内，股价多次试图向上冲击该压力线，但最终都没有实现突破，反而在冲击过程中形成了数次日内背离。

在这些背离中，比较明显的有 2023 年 11 月 28 日、12 月 11 日、12 月 21 日及 2024 年 1 月 4 日。那么本案例就以这四个交易日为分析对象来解析日内走势背离的具体情形，先来看 11 月 28 日和 12 月 11 日的分时走势。

图 2-15 为广脉科技 2023 年 11 月 28 日和 12 月 11 日的分时图。

11 月 28 日是股价第一波连续上涨接触到 13.00 元价位线后受阻下跌的第一个交易日，当日的 K 线呈现为带长影线的小实体阴线。而在分时图中，股价开盘就有了近7%的跌幅，股价线在横向震荡一段时间后很快出现了急速的下跌，短短数分钟内的跌幅接近10%，明显与前期的连续收阳形成了背离。

虽然该股后续有所回升，但最终还是以较低的价格收盘，宣告着第一波上涨的结束和第一次大幅回调的来临，投资者要注意及时撤离了。

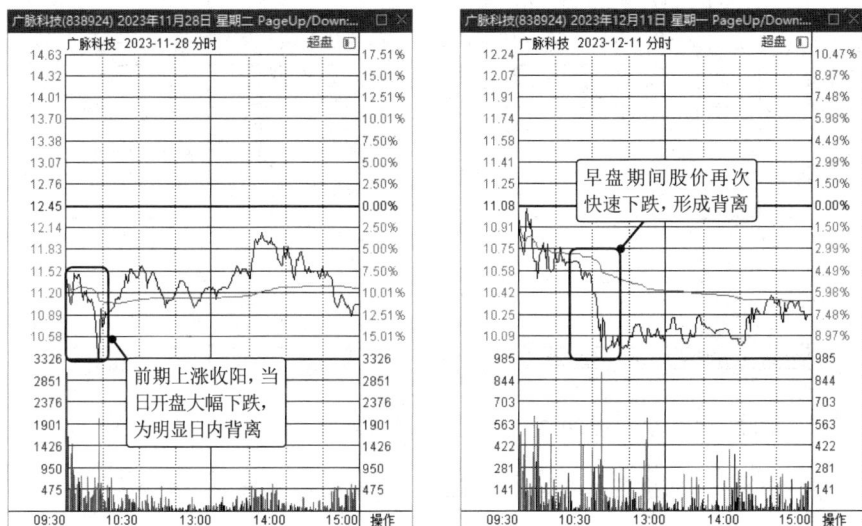

图2-15 广脉科技2023年11月28日和12月11日的分时图

再看12月11日的情况，这是股价回调结束再次上涨过程中出现的收阴交易日。从其分时走势可以发现，该股当日是以低价开盘的，开盘后出现了持续的震荡，不过半个小时后就开始持续下跌，走出了与11月28日相近的斜线下滑走势，只是跌幅没有那么大。最终该股以低价收出阴线，这可能意味着又一次回调的出现，投资者可根据自身情况决定是否出货。

不过在K线图中，该股在12月11日之后就回归了上涨。虽然涨速并不快，但依旧能够为投资者带来一定的收益，没有离场的投资者可继续持有。

下面再来看2023年12月21日和2024年1月4日的情况。

图2-16为广脉科技2023年12月21日和2024年1月4日的分时图。

12月21日是股价回归上涨后不久再度下跌的一个交易日，无论是从K线图中还是分时走势中，投资者都能感受到股价下跌的速度之快、幅度之大。分时股价线几乎没有停顿地下行，短短数分钟内就从前日收盘价附近落到了跌停板上，明显是主力压价形成的日内背离。

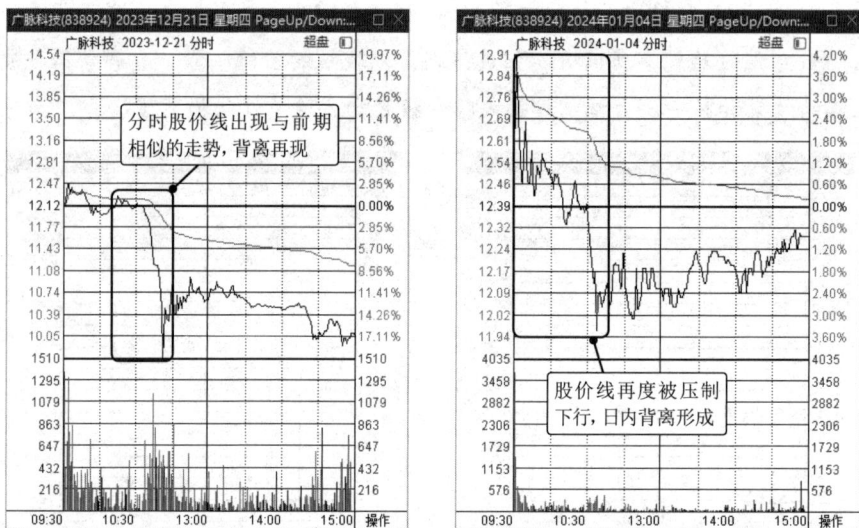

图 2-16　广脉科技 2023 年 12 月 21 日和 2024 年 1 月 4 日的分时图

股价的这种急速下跌后被小幅拉起的走势与前面提到的两个交易日中的十分类似，可见主力操作的风格也是没有变的。那么根据前期的经验，投资者就应当迅速在下跌之时卖出，以保住收益。

2024 年 1 月 4 日的股价走势与 12 月 21 日的也十分类似，股价在震荡之后直线下跌，最终被小幅拉起，收出一根阴线。不过 1 月 4 日的最高点小幅突破了 13.00 元价位线，这也进一步说明了该价位线的压制力强劲，如果股价后续无法继续拉升彻底突破该价位线，那么就很可能就此进入下跌之中。

事实也确实如此，该股在此之后形成了连续的收阴下跌并彻底跌破 30 日均线，1 月中旬的反弹也没能成功突破该均线，可见行情已经发生了转变，此时还未离场的投资者要抓紧时间了。

第 3 章

K线背离指标助抄底

　　K线与技术指标结合形成的背离形态是背离技术中的关键部分，也是投资者需要在实战中重点关注的背离情形。这种背离形态释放出的信号强度一般都比较大，并且更容易配合形成共振，能够为投资者的建仓或加仓操作带来极大的帮助。

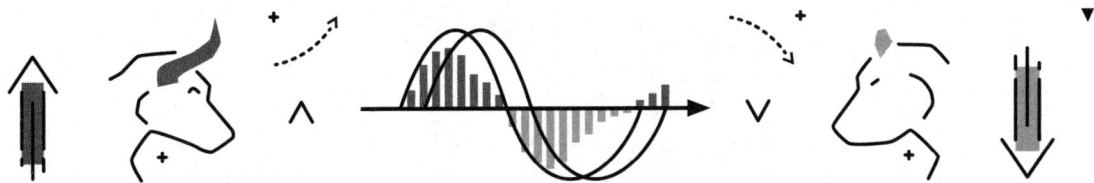

3.1 趋势性指标背离建仓

趋势性指标大多都是用于观察市场趋势运行状况的，因此构成要素也多是各种线条，比如均线、布林指标等。既然是线条，就很容易与股价的运行方向产生背离，如果投资者能够在合适的行情位置中利用这些背离形态做多，就有机会实现抄底，进而极大地降低持股成本。

3.1.1 均线上行回调背离

均线全名为移动平均线，是用统计分析的方法（一般是算术平均）将一定时期内的个股成交价格（收盘价）加以平均，并把不同时间的平均值连接起来形成的曲线。随着个股的持续交易，均线指标值会不断根据新数据的高低情况而产生变动，曲线也就会贴合股价趋势运行。

根据计算基期的不同，可将均线大致分为短期均线、中期均线和长期均线等，比如5日均线、60日均线和120日均线。不过均线时间周期的长短都是相对的，比如60日均线相对于5日均线来说是长期均线，但相对于120日均线就属于短期均线了。

根据均线的计算原理，时间周期越短的均线与K线的贴合度就越高，但稳定性和滞后性也越弱。反之，时间周期越长的均线与K线的贴合度越低，也就是敏感度越低，稳定性和滞后性越强。

因此当稳定的上涨单边行情形成后，中长期均线转向上方并承托在短期均线和股价下方运行时，如果股价出现回调并带动短期均线向下靠近中长期均线，就形成了均线上行回调背离，如图3-1所示。

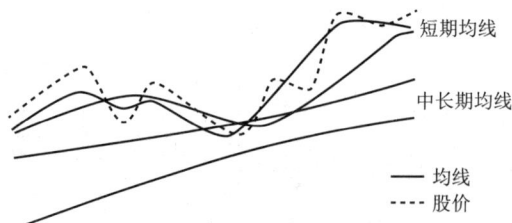

图 3-1 均线上行回调背离示意图

　　尽管这种背离十分常见，但也十分有效。场内投资者完全可以在背离形成过程中根据股价下跌的速度决定是否离场；而场外投资者则可以根据背离后期股价在中长期均线上受到的支撑情况决定是否建仓，毕竟股价回调的低点是很好的上涨行情介入点。

　　当然，投资者介入或加仓的前提是股价和短期均线能够得到中长期均线的支撑并回归上涨。如果股价最终彻底跌破了中长期均线，那么这就是另一种看跌的背离形态，投资者是需要尽快卖出的。

　　下面通过一个案例来具体分析。

实例分析 **上海电影（601595）均线上行回调背离解析**

　　图 3-2 为上海电影 2023 年 2 月到 7 月的 K 线图。

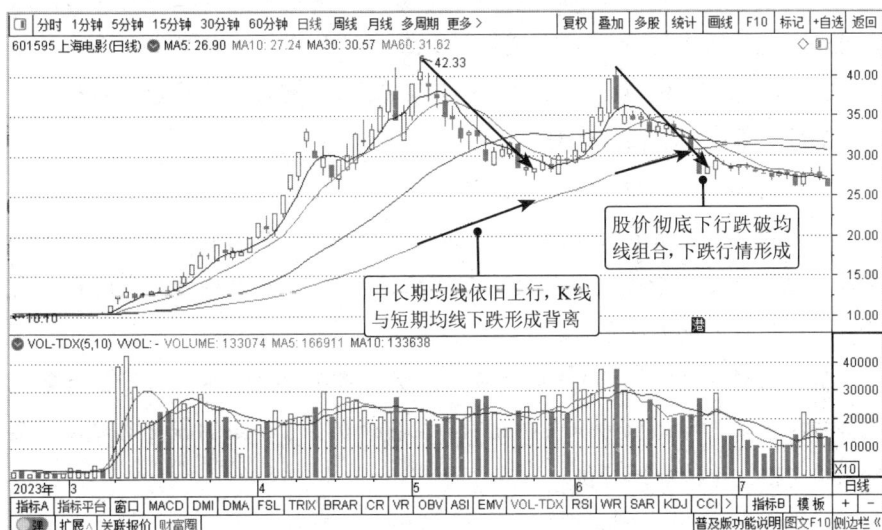

图 3-2　上海电影 2023 年 2 月到 7 月的 K 线图

　　上海电影自 2023 年 3 月初表现出了快速的拉升状态后，就一直维持着稳定的单边上涨行情，期间回调次数不多，并且幅度也都不大，说明市场积极性比较高。均线组合也早已跟随转折向上，承托在股价之下运行，投资者若能早日跟进，收益还是比较可观的。

在 4 月初，股价出现了一次比较明显的回调，但持续时间较短，除了 5 日均线外，其他三条均线几乎没有受到太大影响。因此股价与它们之间的回调背离还是比较明显的，投资者可以在回调结束继续上涨的位置加仓或是重新买进，持股待涨。

到了 5 月初，股价小幅越过 40.00 元价位线后出现了快速的收阴下跌走势，并带动短期均线扭转向下，与依旧上行的中长期均线之间形成了明显的回调背离。

根据前期的积极上涨走势和急剧放大的成交量来看，场内有主力参与的概率非常高，再加上当前股价相较于前期 10.00 元价位线已经有了近 300% 的涨幅，投资者不能排除主力出货的可能。因此谨慎型投资者在发现股价下跌速度过快时就要及时撤离。

5 月上旬，股价跌破 30 日均线并带动其逐步走平，看上去有转入下跌的趋势，风险不断增加。不过好在该股在 60 日均线上方得到支撑重新开始上涨，此时还未离场的投资者可以继续持有等待，短线投资者也可以尝试着在此买进，看能否抓住后续涨幅。

一段时间后，股价再次向上接近了 40.00 元价位线，此次能否突破压力线在很大程度上关系着该股后市还有没有上涨潜力。但可惜的是，该股最终在该价位线上受阻后大幅收阴转向了下方，再度与 60 日均线形成背离，向投资者释放出了卖出信号。

这一次股价将 60 日均线也跌破了，说明其支撑力不再，行情很有可能即将转入下跌。那么短时间内也就不存在建仓机会了，场内投资者要注意及时止损卖出，等待后续时机。

3.1.2　均线扭转上行背离

均线的向上扭转指的是 K 线上涨击穿中长期均线，带动短期均线穿越中长期均线后向着与原有趋势相反的方向而行，中长期均线最后也会随着股价的坚定转向而转折。这里的背离指的就是扭转上涨的股价与依旧下行的中长期均线之间的背离，如图 3-3 所示。

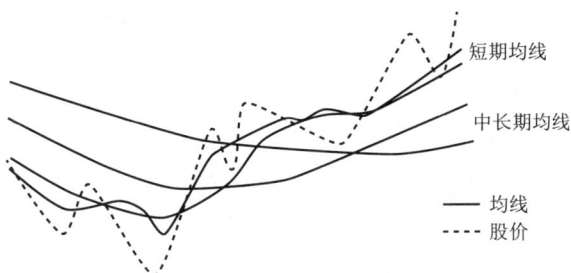

图 3-3　均线扭转上行背离示意图

一般来说，在中长期均线彻底被突破并扭转之前，投资者最好不要提前买进，因为中长期均线覆盖在 K 线上方运行时会对其形成比较强力的压制。如果场内没有足够注资力量支撑，股价是很难彻底突破这一压力线的，最终可能只是形成一次反弹而已。

不过一旦中长期均线被有效突破，其压制力就会转换为支撑力，这样股价后续无论是进入强势反弹还是上涨行情，短时间内的上涨潜力都是比较充足的，投资者这时再买进会比较安全，当然成本也会上涨，不同风险承受能力的投资者可根据自身情况决定合适的建仓点。

下面就通过一个案例来具体分析。

实例分析 **西安旅游（000610）均线扭转上行背离解析**

图 3-4 为西安旅游 2022 年 9 月到 12 月的 K 线图。

来看西安旅游的这段走势，可以发现该股在 2022 年 9 月底出现过一次速度较快的下跌，导致原本走平的中长期均线逐步向下覆盖在了 K 线之上形成压制作用。

不过在进入 10 月后，股价就在 8.00 元价位线附近得到支撑并收阳回升。尽管前期收阳的幅度很小，股价上涨速度较慢，但稳定性还是有保障的，股价逐步穿越 5 日均线和 10 日均线，并缓慢向上靠近中长期均线。

这时，股价与中长期均线的背离已经出现了，结合其稳步上涨的走势来看，后市该股有突破成功的可能。因此部分激进型投资者已经趁机低位建仓入场了，谨慎型投资者还需再等待一段时间。

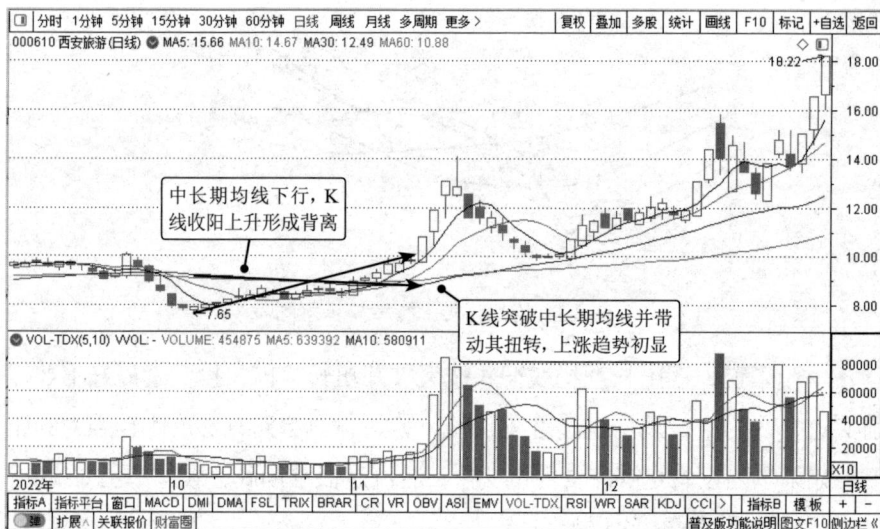

图 3-4 西安旅游 2022 年 9 月到 12 月的 K 线图

进入 11 月后不久，成交量明显形成了放量支撑，股价上涨速度大大加快，终于成功突破了两条中长期均线，并在后续持续爆发的量能支撑下加大收阳幅度，带动中长期均线形成了向上的扭转。

这时背离已经结束，市场中的买进信号也更加强烈和可靠。尽管股价在此次爆发后有过一次快速回调，但低点落在 30 日均线上就止跌回升了，确认了其支撑力，同时也形成了一次回调背离。谨慎型投资者此时就可以借背离的机会快速建仓，然后持股待涨。

3.1.3 频繁小幅背离：上山爬坡

上山爬坡是 K 线与均线组合配合形成的持续性看涨形态，具体形态为 K 线和短期均线在长期上扬的中长期均线的支撑下逐步震荡向上爬升，如图 3-5 所示。

在上山爬坡形态构筑的过程中，偶尔 K 线也会小幅跌破中长期均线，但只要在短时间内回到上方，上山爬坡的形态就能够延续，并且时间一般较长。股价上下波动的规律性也无须太强，只要中长期均线能够稳定上扬，上山爬坡的形态就可以算作成立。

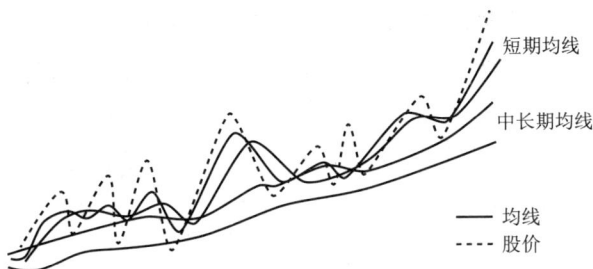

图 3-5　上山爬坡示意图

从图 3-5 中可以看到，上山爬坡过程中，股价和短期均线都会与中长期均线形成多次的小幅回调背离，每一次背离的出现和结束都可以视作卖点和买点。

中长线投资者可以将这期间的买卖点忽略掉，只关注整段上山爬坡的起点和终点即可，及时在背离形成的初始位置买进，在中长期均线彻底被跌破时卖出，就能够将这段收益纳入囊中。

短线投资者则不同，根据持股周期的长短和自身操作风格，短线投资者可以在上山爬坡过程中进行分段操作，即波动一段时间就借助背离开始时的顶部位置卖出，在背离后期再低吸跟进，降低风险。

下面通过一个案例来分析。

实例分析 新经典（603096）上山爬坡形态解析

图 3-6 为新经典 2022 年 9 月到 2023 年 6 月的 K 线图。

在 2022 年 9 月底及以前，新经典的股价还处于幅度较大的下跌之中，这一点从覆盖在其上方的中长期均线可以看出。

不过在跌到 16.00 元价位线附近后，K 线开始连续收阳上升，很快便接连突破了 30 日均线和 60 日均线的压制，进入了上涨行情之中。那么在股价与中长期均线产生扭转背离时，投资者就可以尝试着建仓跟进了。

11 月中旬，股价在 20.00 元价位线附近受阻后形成回调，踩在 60 日均线上再度向上发起冲击，但最终也没能完成突破。不过随着时间的推移，30 日均线已经完成了向上的扭转，60 日均线也在逐步转向，整体有形成上山爬坡的可能，因此积极信号依旧存在，投资者可继续持有。

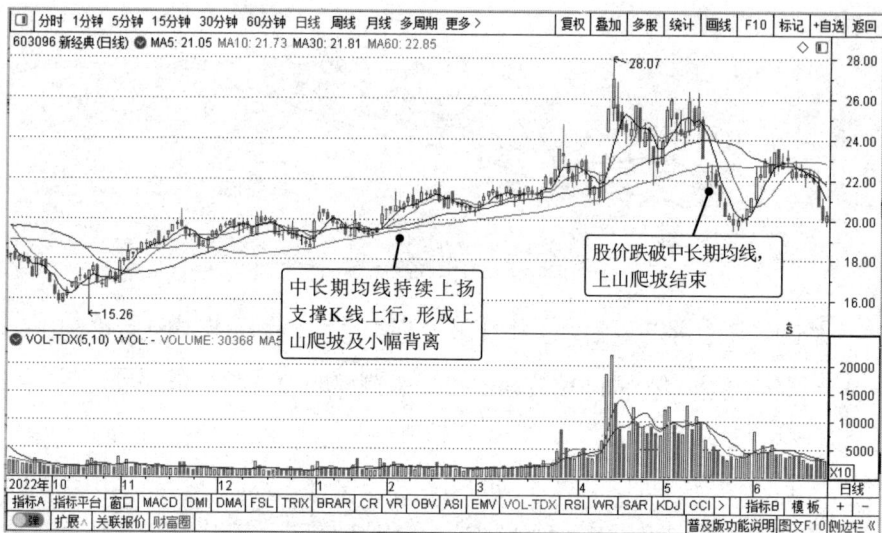

图 3-6　新经典 2022 年 9 月到 2023 年 6 月的 K 线图

等到 60 日均线彻底稳定住上扬走势后，K 线也成功突破到了 20.00 元价位线之上。此后 30 日均线和 60 日均线便一直承托在 K 线和短期均线之下，而 K 线和短期均线也表现出了比较稳定的逐浪攀升状态，上山爬坡的形态已经十分清晰。在多次的小幅背离预示下，投资者就可以根据自身的风格来分段操作或是长期持有了。

这样的走势一直持续到 2023 年 4 月初，股价在巨大量能的推动下形成了一次突兀、剧烈的上涨，股价一举冲上了 28.00 元价位线，短期涨幅非常可观。

但可能也正因如此，获利盘在后续回调的过程中大批抛售，导致股价下跌速度较快，并且第二次上冲也没能突破前期高点。再加上成交量也在持续缩减，后续可能会有跌破中长期均线的危险，投资者要注意了，必要时可提前撤离，保住前期收益。

5 月初，K 线收出一根实体极长的大阴线跌破 30 日均线，后续更是接连快速下跌跌破 60 日均线，数日后甚至带动 30 日均线发生了向下的扭转，明显破坏了上山爬坡的形态。

上山爬坡形态的结束往往意味着一段深度下跌的到来，况且投资者已经在这半年多的上涨走势中获取了足够的收益，迅速在股价下跌初期卖出不失为一个好选择。就算投资者判断失误，后市还有上升空间，也可以在股价出现上涨之时再次买进。

一段时间后，股价跌到 20.00 元价位线上后确实出现了强势的反弹，但数日之后就在中长期均线处受到阻碍下跌，说明其支撑力已经转化为压制力，短时间内股价突破困难，已经离场的投资者不要再参与了。

3.1.4 单根 K 线背离：蛟龙出海

蛟龙出海同样是由 K 线与均线组合而成的看涨背离形态，指的是由一根长实体阳线一次性向上突破整个均线组合，带动均线组合由黏合转为多头发散的形态，如图 3-7 所示。

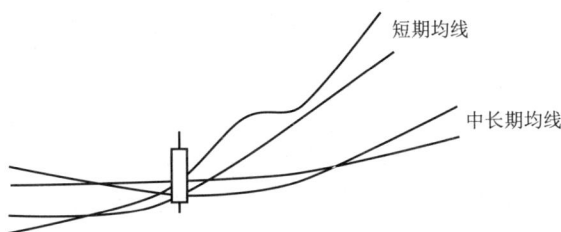

图 3-7 蛟龙出海示意图

这里的背离主要是突兀大幅上涨的股价与原本横向整理的趋势和均线组合之间的背离，是一种不算强势的背离。但蛟龙出海本身是一种比较有效的建仓预示信号，因此还是能够很好地帮助投资者抓住个股起涨点的。

当然，单根 K 线与均线的背离可能会稍显单薄。但如果投资者能够在盘中寻找到其他具有参考价值的看涨信号结合分析，比如 K 线筑底形态、突破形态或是分时图中的股价线积极走势等，就能进一步确定蛟龙出海形态的准确性，甚至在注资时也可以多投入一些，增加后市获利筹码。

下面就通过一个案例来具体分析。

实例分析 航发动力（600893）蛟龙出海形态解析

图 3-8 为航发动力 2022 年 4 月到 8 月的 K 线图。

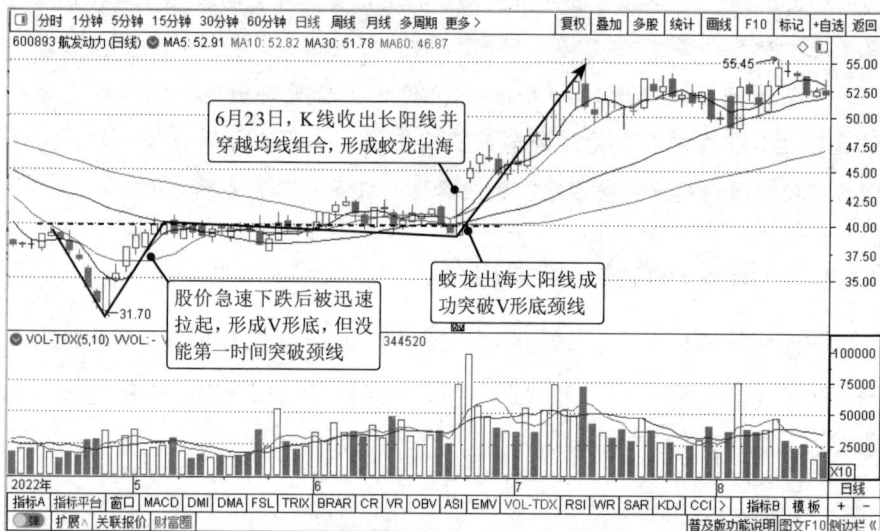

图 3-8　航发动力 2022 年 4 月到 8 月的 K 线图

在观察蛟龙出海形态之前，投资者先来看航发动力的股价初始上涨的情况。从图 3-8 的股价走势中可以看到，该股在 2022 年 4 月上旬还处于下跌到低位横盘整理的状态，但在某一时刻突然连续收阴下跌，一直落到 30.00 元价位线上方才止跌并迅速被拉起，短时间内形成了一个 V 形底形态。

V 形底是股市中比较常见的一种筑底形态，具体是指股价快速下跌触底又被快速拉起后形成的一种尖锐的 V 字反转形态，释放出股价即将形成强势反弹或是进入上涨行情的信号。

但 V 形的信号需要等到其颈线被突破后才能得到确认，颈线就是加速下跌的起始位置，只要股价能在后续成功突破该压力线，后市的上涨潜力大概率就能得到确认，投资者也可以买进了。

但很显然，航发动力的股价在上涨接近颈线，也就是 40.00 元价位线后没能第一时间突破，而是沿着颈线横向移动形成盘整。

在这段走平的时间里，股价不仅面临着颈线的压制力，中长期均线的压制力也一直存在。再加上成交量没有给予足够的放量支撑，所以股价长久未能完成突破，投资者不要急于买进。

随着 60 日均线的逐渐靠近与走平，市场也越来越躁动，K 线频频收阳上升试图突破，价格也确实运行到了颈线之上，但迟迟未能形成有效上涨，因此突破也不能算作有效。

这样的形态一直持续到了 6 月底，6 月 23 日，K 线突然收出一根实体极长的大阳线，一举自下而上穿越了整个均线组合，并且也成功突破了横盘期间的高点及颈线。

这根大阳线不仅配合均线组合形成了蛟龙出海形态，也确认了前期 V 形底形态的看涨信号，同时与前期的横盘走势形成背离，释放出了强烈的买进信号。而根据下方成交量的剧烈放量来看，当日的分时图中可能也存在主力推涨的痕迹，反应快的投资者可进入分时图中寻找建仓时机。

图 3-9 为航发动力 2022 年 6 月 23 日的分时图。

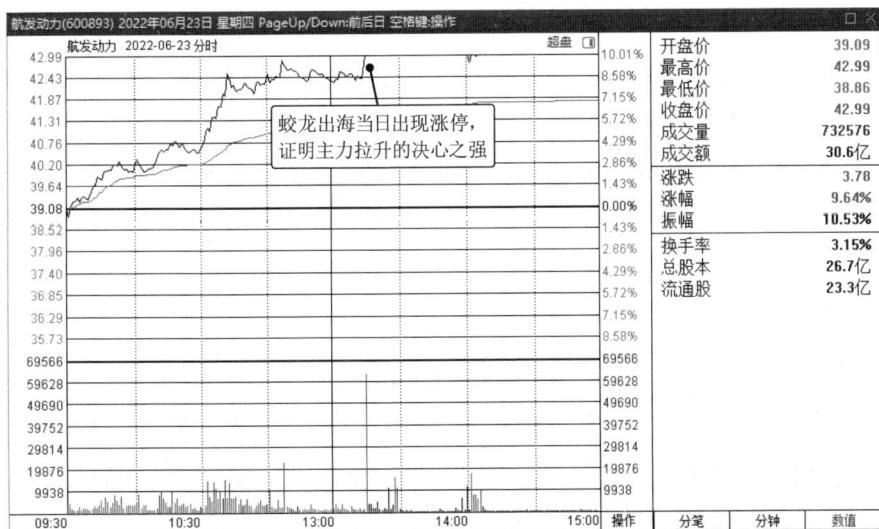

图 3-9　航发动力 2022 年 6 月 23 日的分时图

从 6 月 23 日的分时走势可以看到，该股当日虽是以低价开盘的，但在开盘后就出现了积极的拉升，并且稳定性比较好。越到后期，股价上涨的速度越快。临近早间收盘时，股价已经上涨到了 42.43 元价位线附近，涨幅超过了 8%，已经十分接近涨停了。

此时即便还未收盘，投资者也能够在 K 线图中观察到当日大阳线的雏形，进而分析出以上一系列的买进信号。因此反应快的投资者是可以在下午时段开盘后第一时间买进，实现低位建仓的。

该股在下午时段开盘后横向运行了数分钟，很快就在巨量成交量的推动下直奔涨停，最终封板。后续虽有小幅开板交易，但持续时间非常短，如果有的投资者没能抓住机会，就只能在后续的交易日中再跟进了。

回到 K 线图中观察后续走势，会发现股价在未来数日内都出现了积极的上涨，不久之后的回调也只是踩在 10 日均线上便止跌回升了，进一步确认上涨行情的形成和买进信号的可靠性。此时还未买进的投资者可寻找合适的时机建仓，已经跟进的投资者则可以试着加仓，增加获利筹码。

3.1.5 布林中轨线底部背离

布林指标也是趋势性指标的一种，又称布林通道，主要由三条线构成，即布林上轨线、布林中轨线和布林下轨线。

其中，上轨线和下轨线会随着股价的变动而扩张和收缩，形成一个具有弹性的价格区间，对股价的运行起到一定的限制作用。布林中轨线则多用于判断股价的变盘方向，起到趋势指向的作用。在默认的布林指标参数中，布林中轨线就是 20 日均线。

股价与布林中轨线之间的背离主要体现在运行方向上的不同，同时还需要布林下轨线配合构筑。因为布林下轨线是整个布林通道的支撑线，对于股价有着比较强的承托作用，同时会根据股价的变动情况进行适当调整，一般不会被轻易跌破，只是偶尔会与 K 线接触。

因此，当股价在下跌后期落到布林下轨线上得到支撑并形成回升，与布林中轨线形成背离乃至在后续将其彻底突破，往往就意味着短时间内个股有上涨潜力，发出的自然就是买进信号了，如图 3-10 所示。

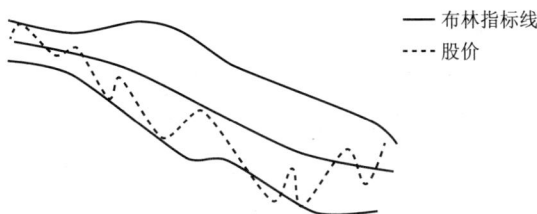

布林指标线
股价

图 3-10　布林中轨线底部背离示意图

不过要确认这种买进信号，投资者还是要注意观察后市发展。如果布林三线都能够跟随股价扭转向上，并且股价能够长期在布林上通道（即布林中轨线与布林上轨线之间的区域）内运行，上涨行情才更加清晰明朗，投资者买进也更有底气。

下面通过一个具体案例来分析。

实例分析 太辰光（300570）布林中轨线底部背离解析

图 3-11 为太辰光 2022 年 11 月到 2023 年 3 月的 K 线图。

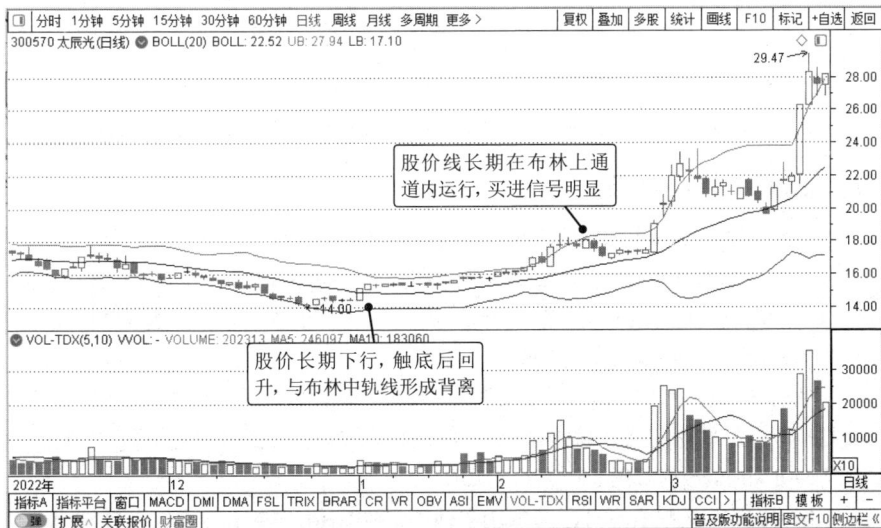

图 3-11　太辰光 2022 年 11 月到 2023 年 3 月的 K 线图

来看太辰光的这段走势，布林指标对股价的束缚力还是比较明显的，股价大部分时间都在布林通道内运行，偶有突破也很快回归。

2022年12月底是一个转折点，在此之前股价是长期处于下跌状态的，K线大部分时候都在布林下通道内运行，并缓慢带动布林中轨线向下绵绵阴跌。期间股价也有过反弹，但越到后期反弹幅度越小，随着成交量的持续缩减，股价逐步跌到了14.00元价位线附近。

直到创出近期新低后，K线才有再次收阳反弹的迹象，与依旧下行的布林中轨线形成了小幅背离。不过单靠这点背离显然不足以让买进信号变得可靠，因此谨慎型投资者最好继续观察。

进入2023年1月后，股价成功向上突破了布林中轨线，并在后续带动其逐步向上扭转。这时的背离已经进行到了后期，但看涨信号却是愈加明显，当股价长期保持在布林上通道内运行，布林三线也出现了同步向上的走势时，投资者就可以大致判断出强势反弹或是上涨行情的到来，进而及时在低位买进建仓了。

根据后市的走势也可以看到，该股涨速越来越快，成交量放大的幅度也越发增大，甚至推动股价多次向上突破布林上轨线。而每一次股价回调与布林中轨线产生背离后，都能踩在其上方继续上涨，可见此次上涨的稳定性较好，投资者完全可以趁机多次加仓，然后在合适的位置卖出兑利。

拓展知识 布林指标如何叠加在K线上使用

一般来说，布林指标是默认放在副图指标窗口中使用的，图3-11中展示的叠加在K线上的布林指标经过了公式修改。修改方法也很简单，投资者在副图指标窗口中调出布林指标后右击任意一条指标线，在弹出的子菜单栏中选择"修改当前指标公式"，如图3-12（上）所示。

然后在弹出的"指标公式编辑器"对话框中单击右上方"画线方法"右侧的下拉按钮，在弹出的下拉列表中选择"主图叠加"选项，最后单击右侧的"确定"按钮即可完成修改，如图3-12（下）所示。

修改完成后，投资者可在K线图中调出布林指标，就会直接叠加在K线上，方便投资者观察和分析。当然，如果投资者希望使用其他主图指标配合布林指标共同分析，也可以不修改其叠加方式，具体要根据个人情况和习惯而定。

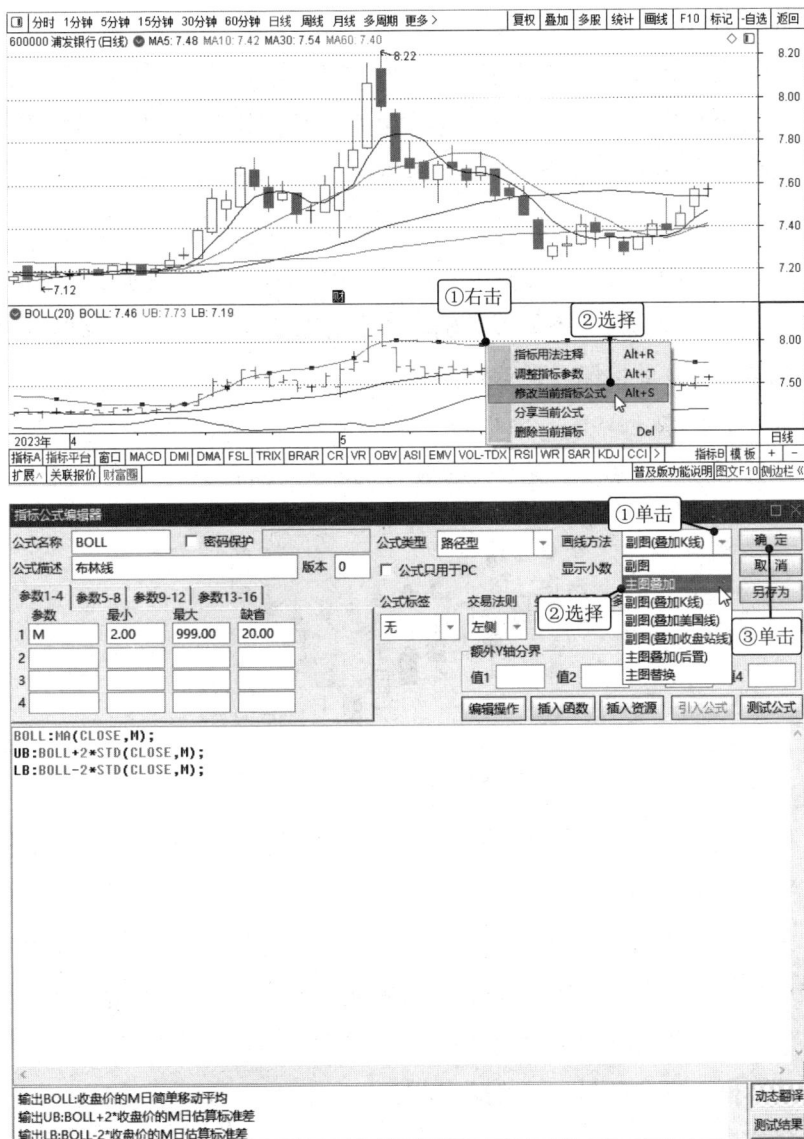

图 3-12　修改布林指标叠加方式

3.1.6　SAR 指标绿点背离

　　SAR 指标又称抛物线指标、停损转向操作点指标，是一种应用于中短线操作的技术指标，具有实用性强、研判方式简单及适用范围广等特点，而且也很适合用于观察趋势走向。

SAR 指标的使用方法十分简单，因为它就是由一个个颜色不同的点构成的，每个交易日对应一个点。当股价涨势良好时，SAR 指标对应的是红点，位于 K 线下方；但股价有下跌趋势时，SAR 指标就会变为绿点，位于 K 线上方。因此其基础用法就是红点翻绿时卖出，绿点翻红时买进。

不过这种简便的应用方法也带来了一个弊端，就是研判准确度的问题，即便是指标背离形态也不能很准确地预示出买卖信号，因此很多时候投资者还需要结合其他指标或 K 线形态来结合分析。

股价与 SAR 绿线的背离指的是当 SAR 指标呈绿色并持续下行时，价格却出现了反弹走势，二者形成背离，如图 3-13 所示。

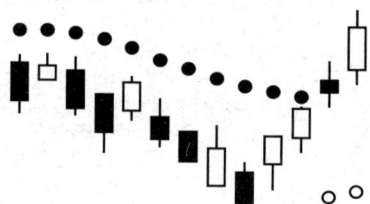

图 3-13　SAR 指标绿点背离示意图

K 线收阳但 SAR 指标持续走绿的过程就是背离，要弄明白股价与 SAR 指标的背离原理，投资者首先要知道 SAR 指标红绿点翻转的规律。

①每当 SAR 指标的红点被下降的 K 线接触或跌破时，指标就会翻绿；而当 SAR 指标的绿点被向上的 K 线接触或突破时，指标就会翻红。

②每次 SAR 指标红绿翻转时，第一个红点或绿点大概率会出现在翻转之前数日内 K 线的最低点或最高点附近。

了解了这两条后，投资者就能很好地理解股价与 SAR 指标点背离的原因了，由于 SAR 指标点之间的联系比较紧密，因此指标点不会与 K 线贴得很紧，而是随着股价的运行缓慢靠近 K 线。这样一来，K 线就算在短时间内快速上涨靠近绿点或下跌靠近红点，只要没有将其突破或跌破，就不会导致 SAR 指标红绿翻转，由此就会形成背离。

　　不过这种背离持续的时间一般较短，往往在数日之后就会结束，不过留给投资者的分析、决策时间还是十分充足的。只要投资者能够借助其他技术指标或 K 线形态确定了当前背离释放出的看涨信号的可靠性，就可以尝试着在背离当时或后续买进。

　　下面通过一个案例来具体分析。

实例分析　**国电电力（600795）SAR 指标绿点背离解析**

　　图 3-14 为国电电力 2023 年 11 月到 2024 年 3 月的 K 线图。

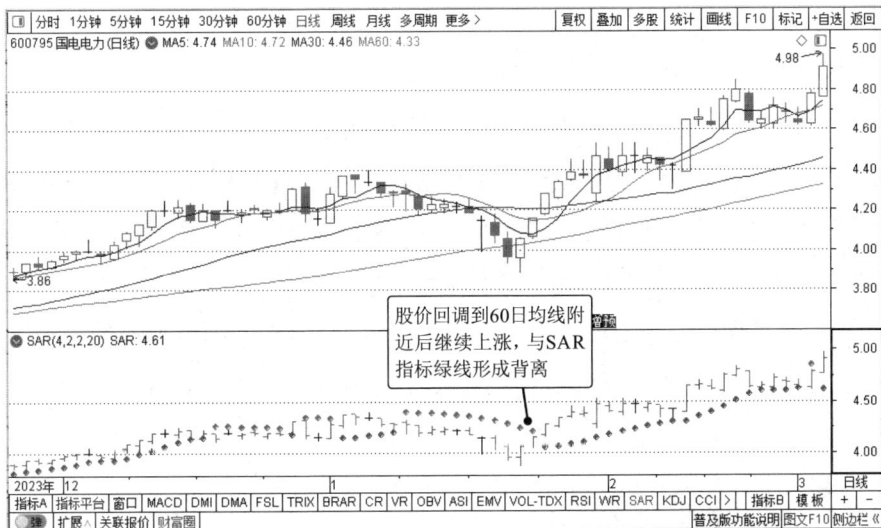

图 3-14　国电电力 2023 年 11 月到 2024 年 3 月的 K 线图

　　单独观察国电电力的主图走势，可以很清晰地发现该股正处于比较稳定的上涨行情之中，股价与短期均线在中长期均线的支撑下不断波动上行，形成的是上山爬坡形态。那么在此期间，投资者就可以分批做多。

　　不过在进入 2024 年 1 月后，股价在 4.40 元价位线附近受到了明显阻碍，并在后续形成了幅度较大的下跌。在收阴几个交易日后，下方的 SAR 指标红点也被跌破并翻绿了，说明当前趋势并不适合买进。

　　数日之后股价落到 30 日均线附近横向整理，但最终没能得到支撑，而是再次收阴下跌，并在数日内快速跌破了两条中长期均线，呈现出转势迹象，谨慎型投资者都需要及时卖出了。

与此同时，SAR 指标绿点由于下行速度跟不上 K 线的跌速，二者之间的距离逐渐拉大，为后市可能存在的背离留出了空间。

就在跌破 60 日均线的次日，K 线反转收阳，并在后续快速向上拉升。在 SAR 指标窗口中，最先形成的两根阳线也与 SAR 绿点形成了背离。

再加上均线及 K 线走势预示出的积极信号，该股应该很快就能回归往日的上涨。因此已经卖出的投资者可以再次抄底买进，依旧留在场内的投资者还可以试着加仓，抓住后续涨幅。

3.2 副图指标背离抄底

副图指标一般显示在 K 线界面下方单独的指标窗口中，比如成交量和 MACD 指标等。有些副图指标是支持通过修改指标公式叠加在 K 线上的，比如前面提到过的布林指标，但更多的副图指标只能单独显示，因为它们的构成比较特殊，无法与 K 线叠加。

不过这样也方便了投资者同步观察 K 线、主图指标和副图指标三大要素的走向，分析其中存在的背离形态，进而帮助自己实现低成本建仓或是加仓。

3.2.1 底部量能上升背离

首先要解析的就是成交量与股价的背离形态。成交量的变化反映了当日资金进出市场的情况，是判断市场情绪的重要指标之一。

一般情况下，市场的成交量与股价之间的关系具有相对的稳定性，即两者的增长与衰减保持同步，多数时候都处于量价配合的状态，推动市场按照既定的趋势继续前行。但是当任何一方变化的速度过快或出现背离状态时，都有可能导致市场运行方向发生逆转。

因此在某些特殊的行情位置，尤其是在底部位置出现的量价背离，参考价值可能会非常高,甚至能帮助投资者直接抄底。但投资者也不能盲目信任成交量带来的信息,毕竟有些主力是可以通过伪造量能波动来构筑陷阱的,投资者要学会分辨,同时借助其他信息辅助判断。

关于成交量与股价,有人专门提出了一种量价理论,将二者的关系分为九种,即量增价涨、量减价跌、量平价平三种配合关系,以及量增价跌、量增价平、量减价涨、量减价平、量平价涨、量平价跌六种背离关系。

本节要介绍的底部量能上升背离就是在行情低位形成的量增价跌形态,如图 3-15 所示。

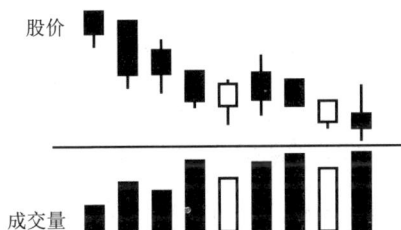

图 3-15　量增价跌示意图

量增价跌意味着股价是在市场频繁交易的过程中被主动拉低的,当这种情况在行情低位出现时,就有可能是主力蓄意压价造成的,具体表现为股价突然加速收阴下跌,同时成交量在数日内明显放大。

而主力压价的目的就在于吸取廉价筹码,待持仓比例达到一定程度后迅速拉升个股,将其带入新的行情之中。这种情况下的量增价跌传递出的就是短期看跌,但长期看涨的信号,投资者可以在背离形成当时保持观望,待到上涨出现后迅速跟进,即可实现风险较小的抄底。

下面来看一个案例。

实例分析 **泰胜风能（300129）底部量能上升背离实战**

图 3-16 为泰胜风能 2023 年 8 月到 10 月的 K 线图。

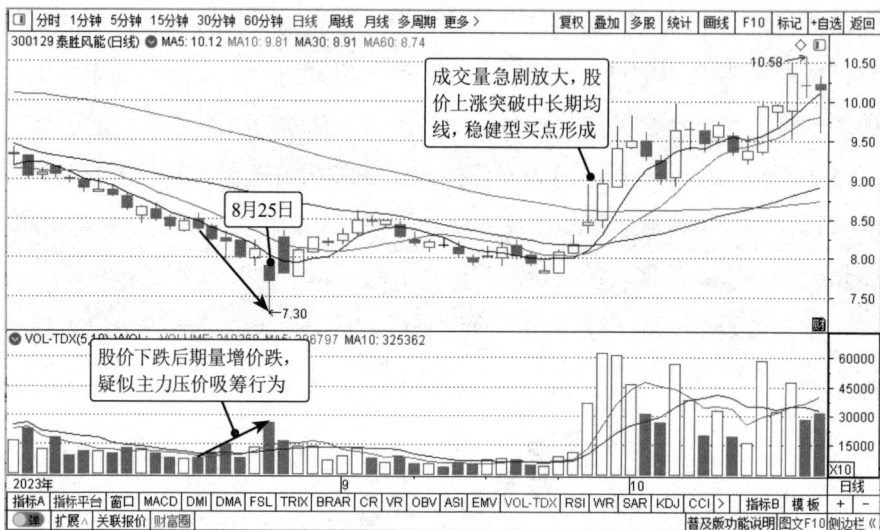

图 3-16　泰胜风能 2023 年 8 月到 10 月的 K 线图

从图 3-16 中可以看到，泰胜风能的行情转变走势十分清晰。股价前期的下跌表现得比较稳定，均线组合长期覆盖在 K 线上方形成压制，而 K 线则在阴阳线交错下绵绵阴跌。

8 月下旬，K 线逐步加大了收阴幅度，呈现出一定的加速下跌走势。与此同时，原本与下跌的股价配合缩减的成交量却反而有所放大，与之形成了量增价跌的背离。

前面说过，在长期下跌后的低位出现的量增价跌背离，可能是主力压价吸筹的表现。如果投资者认为短短数日的背离无法说服自己，那么就可以进入其中一个交易日的分时走势中观察交易数据，看是否有明显的主力操作痕迹。

8 月 25 日的 K 线收出的是一根带长下影线的阴线，并且当日的量能是背离形成以来最大的，因此很可能会在其中找到主力痕迹。下面来看当日的分时走势图。

图 3-17 为泰胜风能 2023 年 8 月 25 日的分时图。

在当日的分时走势中，不难看出股价是以比较低的价格开盘的，第一分钟的成交价格一片飘绿。也正是在开盘后的第一分钟，成交量放出巨量导致股价出现直线式的下跌，一直落到 7.37 元价位线上才暂时止跌。

观察右侧的分笔交易数据窗口，可以看到 9:30 时场内出现了多笔被标记为紫色的大卖单，最大的一笔挂单量有 3 055 手。在分时图中，单笔挂单量超过 500 手的就会被标记为紫色，以示这是一笔大单。

一般来说，如果 8 月 25 日这种集中出现的单方向大单都是主力挂出的，投资者可以大胆假设低位吸筹这种可能。结合后期股价线的走势来看，该股在被压到低位后又很快被拉起，很像是主力快速压价后市场恢复注资的情形，至于主力在后市是否还需要继续压价吸纳，还得继续观察。

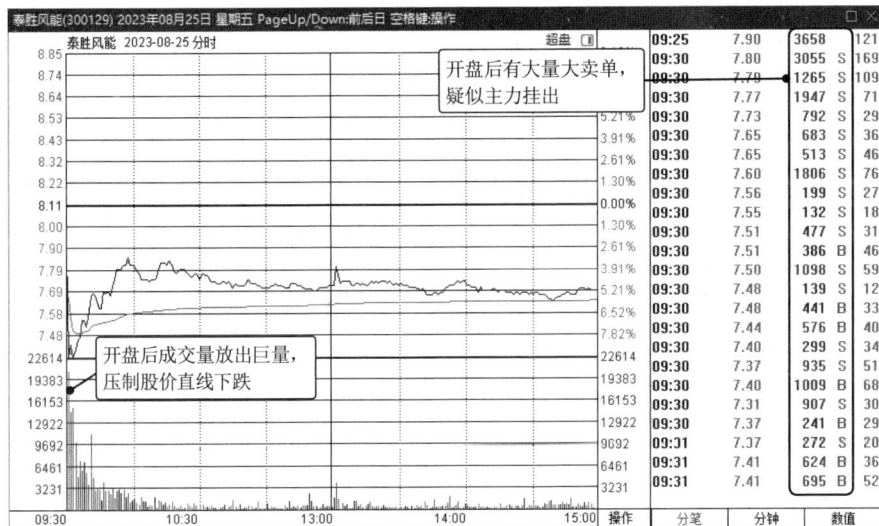

图 3-17 泰胜风能 2023 年 8 月 25 日的分时图

回到 K 线图中分析，股价在次日继续收阴，但整体却是回升了一些，再往后便是连续的收阳上涨了。虽然股价没能在第一时间将 30 日均线突破，但后续回调的低点却没有跌破前期，说明市场积极性已经有所提高，激进型投资者可以尝试轻仓介入，谨慎型投资者则不必急于买进。

9 月底，成交量开始明显放量，K 线也在其支撑下大幅上涨，很快便成功突破了两条中长期均线，并且在数日后完成了回踩确认。这就说明下跌趋势已经得到逆转，投资者此时可以迅速跟进了。

3.2.2　上涨初期量平价涨背离

量平价涨是在股价转入上涨后形成的量价背离形态，指的是股价持续上涨的过程中，成交量却没有给予足够放量支持，而是整体走平的情形，如图 3-18 所示。

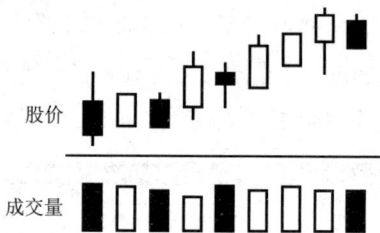

图 3-18　量平价涨示意图

如果股价经历了长期的下跌走势，盘中经过沉淀后交投相对冷淡，价格波动幅度不大，那么底部只要出现稍微放大的量能就可以让走势止跌反弹。但如果后期量能依旧平缓，没有持续放大，那么这一段的上涨也只能维持很短的时间。

因此，这种背离出现在上涨初始位置时投资者是可以买进的，但需要根据后市的量能变动情况决定持仓时间。

若量价关系能够从量平价涨转变为量增价涨，投资者就可以继续持有甚至加仓；但若成交量没有放大，股价也开始走平或是下跌，那么投资者最好及时撤出，等待下一波上涨出现后再跟进，以免判断失误被套在下跌的半山腰。

下面来看一个案例。

实例分析 合力科技（603917）上涨初期量平价涨背离实战

图 3-19 为合力科技 2022 年 3 月到 6 月的 K 线图。

在 2022 年 4 月底之前，合力科技的股价都处于稳定下跌之中，在均线组合的强力压制下，K 线多次收阳反弹都没能实现突破，因此投资者在这段时间内就不要轻易介入了。

不过在下跌到后期时，股价有明显的加速下跌走势，成交量也稍有放大，主力可能正在参与吸筹，投资者要注意了。

4月底，股价在触底后迅速被拉起，K 线连续收阳上升并接近中长期均线。但在此期间，成交量却没有给予足够的支撑，而是整体走平，看起来与前期下跌过程中的量能并无太大差别，与股价形成了量平价涨的背离。

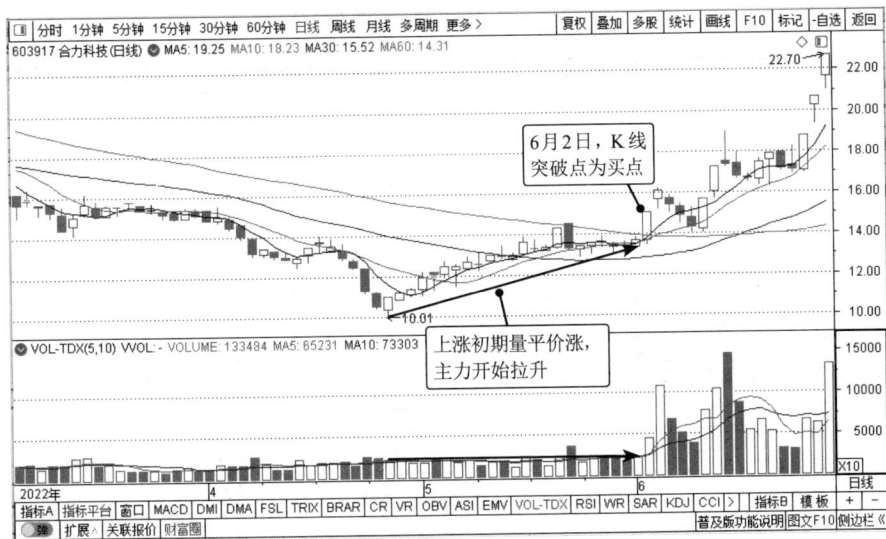

图 3-19　合力科技 2022 年 3 月到 6 月的 K 线图

观察当前的行情位置，再结合前期股价加速下跌的走势来看，该股还是有机会就此转入上涨行情的。不过由于买进信号还无法得到很好的确认，谨慎型投资者可先行观望，等待突破时机的到来。

5月上旬，股价成功突破 30 日均线，不过在遇到 60 日均线后形成了一段时间的横盘。到此时成交量依旧没有放大，投资者也不能急于买进。

直到进入 6 月后，成交量终于出现大幅放量，推动 K 线在 6 月 2 日收出了一根大阳线，量平价涨的背离转化为量增价涨的配合。股价也借此成功突破 60 日均线，并带动 30 日均线明显向上扭转。

此时来观察突破当日的分时走势，投资者又会有新的发现。

图 3-20 为合力科技 2022 年 6 月 2 日的分时图。

在 6 月 2 日开盘后，股价并未立即出现积极走势，而是围绕前日收盘价进行了一个多小时的震荡。在 10:30 之后，股价线才脱离前日收盘价，有了比较明显的上涨趋势，不过刚开始的涨速也不快，要凭此突破外部中长期均线还是比较困难的。

但在临近早间收盘的最后十几分钟内，股价线在成交量急剧放大的支撑下出现了直线拉升，短短数分钟内的涨幅就超过了 5%。在休整数分钟后，股价线继续拉升，终于在收盘前一分钟成功冲上涨停板。

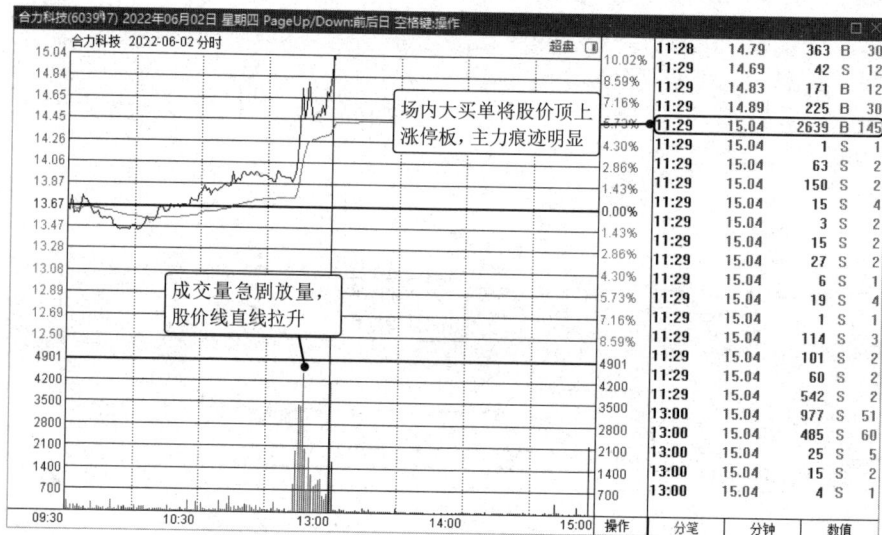

图 3-20 合力科技 2022 年 6 月 2 日的分时图

从右侧的数据窗口中也可以看到，在 11:29 时，有一笔挂单量达到 2 639 手的大买单一举将价格顶到了 15.04 元，也就是涨停价上。这很显然是主力挂出的，目的就在于利用涨停式的收阳突破 60 日均线，通知市场开始跟随注资推涨。

反应快的投资者应该在股价彻底涨停之前就能确定突破的形成，进而及时买进。没来得及在当日买进的，也可以在后市股价回调的低位建仓，以降低持股成本，抓住后续涨幅。

3.2.3 单根涨停地量背离

要学习单根涨停地量背离，投资者首先需要知道什么是一字涨停，并且明白一字涨停期间成交量缩减的原因。

一字涨停指的是股价在当日直接以涨停价开盘，盘中持续封板，最终仍以涨停价收盘，当日的开盘价、收盘价、最高价和最低价完全一致，形成的一根既没有实体也没有影线的一字 K 线。

由于一字涨停期间有大量的买单堆积在涨停价上，卖盘又比较少，就会导致涨停价上的买单很难被全部消化。如果这部分买单不能完全交易，其他更低价格上挂出的买单自然也无法交易。

但因为股价已经涨停，投资者无法再挂出更高的交易价格，这就导致市场中的交易量在一字涨停期间大大下降，那么一字涨停当日的量能就可能大幅缩减形成地量，由此也形成了单根涨停地量背离，如图 3-21 所示。

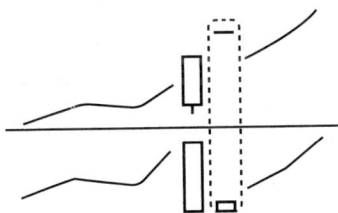

图 3-21　单根涨停地量示意图

要形成一字涨停，市场需要大量注资才能实现，其中的主要动力就是主力。这时的股价一般都已经转入了上涨行情，那么主力的大力注资往往就意味着一波急速拉升的开始，因此地量背离传递出的不是市场积极性减弱的信号，反而是迅速跟进的信号。

不过需要注意的是，如果一字涨停连续出现，股价短时间内大幅暴涨，那么等到开板后价格可能会下跌得比较剧烈。毕竟场内也堆积了大量的获利盘亟待兑现，一旦开始大批量抛盘，股价快速下跌也是很正常的，更不要说其中可能还包含着主力的震仓卖单。

因此，短线投资者在借助该背离形态买进后要注意及时止盈，中长线投资者则需根据股价下跌情况决定是否适当减持，同时注意仔细观察行情是否可能发生反转。

下面来看一个案例。

实例分析 鸿博股份（002229）单根涨停地量背离实战

图 3-22 为鸿博股份 2023 年 1 月到 5 月的 K 线图。

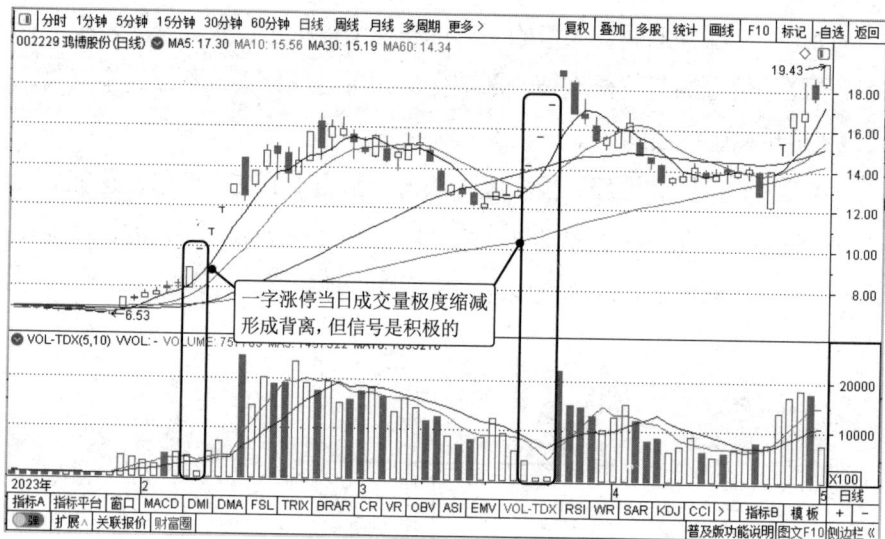

图 3-22　鸿博股份 2023 年 1 月到 5 月的 K 线图

在 2023 年 1 月下旬之前，股价尚处于 6.50 元价位线附近横向震荡，均线组合也长期黏合在一起，成交量长期走平，因此买卖信号都不明确，投资者需注意观望。

到了 1 月底，成交量突然开始集中放量，股价在其推动下迅速收阳上升，很快便来到了 8.00 元价位线附近，在此短暂横盘数日后突然加大收阳幅度向上突破，甚至在次日形成了一字涨停。

这时就可以观察到，收阳突破当日的量能和一字涨停当日的量能有明显的对比，形成单根涨停地量背离。根据当前的行情位置来看，其释放的信号更偏向于积极，因此投资者可以抓住时机迅速介入。

根据后市的走向来看，股价确实有非常积极的上涨，在连续涨停数日开板后也没有十分剧烈的下跌，可见市场对其是极为看好的。

不过在 2 月中旬之后，股价的涨速就要慢上许多了，在 2 月底接触到

16.00 元价位线后，股价还出现了回调迹象，投资者注意止盈出局。

3 月中旬，股价在 12.00 元价位线上触底后开始继续收阳拉升，数日后再次形成连续数根一字涨停，量能也再度急剧缩减形成地量背离。这显然也属于明确的看涨信号，不过由于一字涨停期间挂单成交较为困难，没来得及在前期跟进的投资者只能等待开板。

但这一次股价开板后，K 线有明显的快速收阴下跌，说明市场抛盘力度加大，主力也可能在震仓。因此投资者最好暂缓建仓，已经买进的投资者可以考虑适当减持，避免股价跌幅过大。

3.2.4　KDJ 指标底背离

KDJ 指标中文名称为随机指标，属于超买超卖型指标的一种，其结构简单、应用简便，适合各种类型和持股周期的投资者使用。它以"平衡位置"为理论核心，通过观察价格在短期内脱离"平衡位置"的程度来考察当前价格脱离正常价格波动范围的程度，以此作为研判价格波动的依据。

KDJ 指标中包含三条曲线，即 K 曲线、D 曲线和 J 曲线。因为三条指标线的灵敏程度有所不同，所以经常会产生交叉，但三线的交叉始终集于一点，算是 KDJ 指标的特有形态之一。

KDJ 指标主要依靠指标线在各摆动区域内的运行情况来分析个股是否有超买超卖的现象，这里的摆动区域指的就是三线的取值范围。

K 值和 D 值的取值范围在 0 ～ 100，也就是说，K 曲线和 D 曲线的波动不能超过 0 线和 100 线，但 J 值的取值范围却可以超过 0 ～ 100。而指标在 0 ～ 100 的取值范围内还有三大分区，其中 0 ～ 20 为超卖区，20 ～ 80 为常规运行区域，80 ～ 100 为超买区，各自有不同的含义。

超卖区：指标线运行到超卖区往往意味着股价前期经历了一段时间的下跌，当前市场过度低估价格，后市股价有可能向均线修复形成反弹。如果 K 曲线和 D 曲线在运行到超卖区的同时 J 曲线跌破了 0 线，个股筑底回升的可能性就更大。

常规运行区域：指标线大部分时间都在这个区域内摆动，其中 50 线为分界线。如果指标线在 50 线附近震荡，说明股价大概率也在震荡；如果指标线正在迅速穿越整个区间，则说明股价可能正在快速涨跌。

超买区：指标线运行到超买区意味着股价在经过长时间或大幅度的上涨后，市场追涨情绪过分热烈，股价可能形成超涨并在一段时间后出现下跌或回调。如果 K 曲线和 D 曲线在运行到超买区的同时，J 曲线越过了 100 线，那么这种信号将更加强烈。

由此投资者应该大致明白了 KDJ 指标的基础使用方法，也清楚指标线在大部分时候都会与股价的涨跌形成配合。但与量价关系一样，它们也可能在特定位置形成一定的背离，当背离符合某些技术形态要求时，就可以传递出相当强烈的买卖信号，比如本节要重点介绍的 KDJ 指标底背离。

KDJ 指标底背离是指在行情低位股价低点不断下移的同时，KDJ 指标的低点却转而上移的情况，如图 3-23 所示。这里主要观察 K 曲线的低点，因为 J 曲线波动幅度太大，其预示意义没有稳定的 K 曲线强。

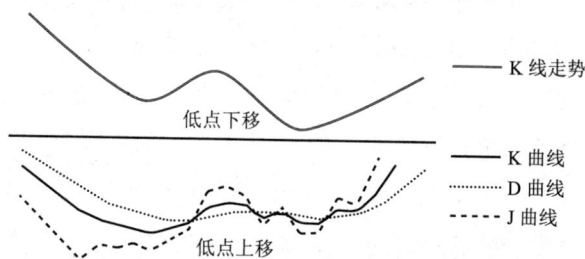

图 3-23　KDJ 指标底背离示意图

行情底部的 KDJ 指标底背离意味着市场开始注资推动，股价跌势减缓，使得 KDJ 指标提前发生转向，进而预示着上涨行情的到来，属于看涨信号。

激进的投资者可以在底背离形成后就买进，抓住抄底的机会。但由于股价涨势并未明朗，此处买进的风险比较大，因此建议谨慎型的投资者在股价上涨突破压力线后再买进。

下面来看一个案例。

实例分析 宝色股份（300402）KDJ 指标底背离实战

图 3-24 为宝色股份 2022 年 3 月到 8 月的 K 线图。

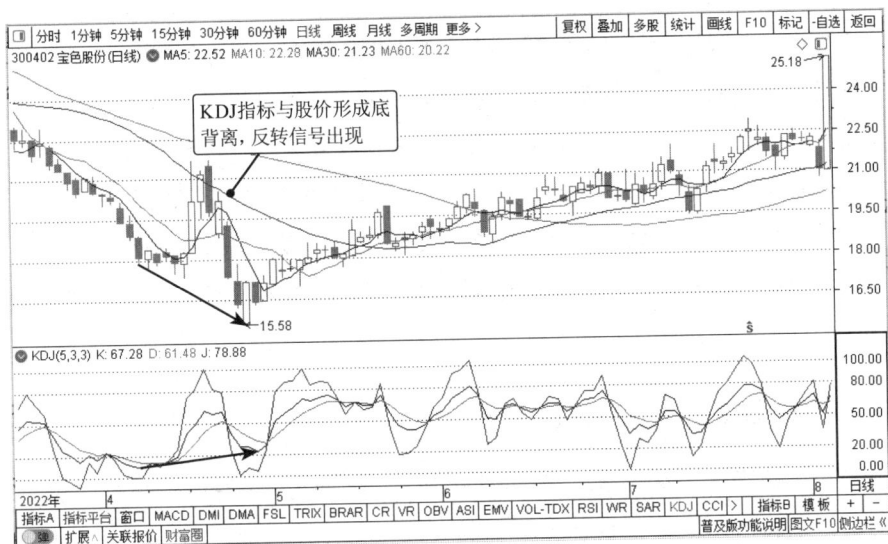

图 3-24　宝色股份 2022 年 3 月到 8 月的 K 线图

在宝色股份的这段走势中，股价先是在均线组合的压制下快速下跌，在接触到 18.00 元价位线后短暂止跌横盘。此时的 KDJ 指标已经随之跌落到了 20 线以下，也就是超卖区内，说明市场在短时间内过度低估该股价格，后市有向上修复的可能。

数日之后，股价确实出现了快速的上涨，但可惜在小幅越过 30 日均线后就拐头下跌了，显示为一次短暂的反弹。股价最终跌到 15.58 元的位置才稳住，低点相较于前期明显下移。

再来看 KDJ 指标，可以发现指标线随着股价的反弹而大幅上移，但后续就拐头向下了。只是这一次，K 曲线和 D 曲线没有落到 20 线之下，只有 J 曲线跌破了该支撑线，低点相较于前期是上移的，这就与股价的走势形成了底背离。

根据当前的行情位置来看，股价前期已经有了不小幅度的下跌，最近的一次反弹强度也比较大，可见市场中还是存在不小的买盘力量。因此该股在底背离形成后是有机会转势上涨的，投资者可准备好资金。

很快，股价便呈现出了明显的上升走势，K 线频频收阳，带动 KDJ 指标在 20 线以下形成了一个金叉（J 曲线和 K 曲线自下而上突破 D 曲线）后持续上扬，来到 50 线以上。

随着 30 日均线的下行靠近，突破时机越来越近。K 线在靠近 30 日均线后横盘整理了数日，很快便果断向上拉升突破该压力线，并在几个交易日后完成了回踩，证明上涨趋势大概率已经形成，投资者可以在此建仓了。

在后续的走势中，股价依旧持续上扬并成功突破了 60 日均线。待到两条中长期均线都被扭转向上后，K 线还与均线组合形成了上山爬坡的形态，可见股价拉升的稳定性较好，投资者可以利用 KDJ 指标上下震荡释放的买卖信号进行波段操作或是长期持有。

3.2.5　KDJ 指标低位钝化背离

KDJ 指标的钝化是指在股价稳定运行过程中，三条指标线几乎黏合在一起不断震荡，并且频繁、密集地发出买入或卖出信号，指标线的走平与股价的持续涨跌就形成了背离。

KDJ 指标的钝化与其计算原理有关，当行情的走势总是保持某一固定、稳定的趋势时，指标线就有可能形成钝化。因此虽然钝化期间 KDJ 指标的密集买卖信号对投资者来说基本没有参考价值，但整体的钝化走势和钝化形态所在的位置却能反映出一些问题。

KDJ 指标的低位钝化是指标线在股价连续下跌的带动下于 20 线附近形成的钝化现象，如图 3-25 所示。

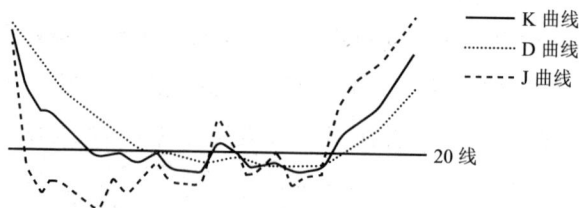

图 3-25　KDJ 指标低位钝化示意图

低位钝化只要一直延续下去，股价的跌势就不会停止，那么投资者也一直不能介入。不过待到市场过度低估股价后开始抄底推动，股价止跌并转势向上的走势就能够打破 KDJ 指标的钝化形态，投资者也可以借此买进了。

下面来看一个案例。

实例分析 **赛力斯（601127）KDJ 指标低位钝化背离实战**

图 3-26 为赛力斯 2023 年 7 月到 10 月的 K 线图。

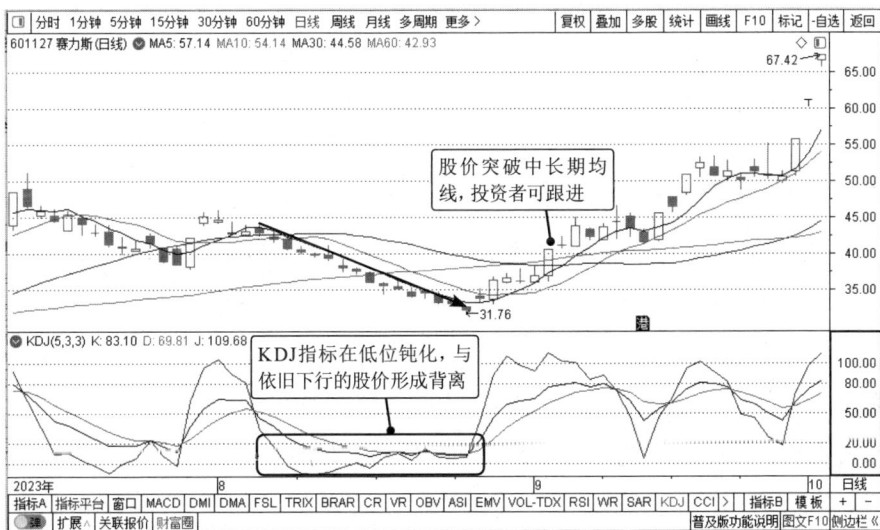

图 3-26　赛力斯 2023 年 7 月到 10 月的 K 线图

下面来看赛力斯的股价走势，从中长期均线的表现可以看出，该股整体应当是处于上涨行情中的，2023 年 7 月到 8 月的下跌看似颇深，但其实只是一次幅度较大的回调。

在回调的过程中，股价下跌的速度是比较恒定的，7 月的下跌在落到 30 日均线附近后就暂时止跌反弹了。

观察 KDJ 指标，可以看到在股价接近 30 日均线时，三条指标线就已经落到 20 线附近并出现了一定的低位钝化迹象。不过随着股价的反弹，KDJ 指标的钝化很快结束，整体并不十分清晰，因此也不具有太强的反转预示。

8月初，股价反弹至45.00元价位线附近后受阻并继续下行。这一次股价下跌的速度更加稳定，整体几乎是呈一条斜线下落。这种走势无疑会造成KDJ指标的钝化，观察其走势可以发现，三条指标线在8月上旬就纷纷落到20线以下，并随着股价的稳定下跌而形成了低位钝化。

这一次的钝化要清晰许多，到了后期KDJ指标线几乎横向聚拢在了一起，与持续下行的股价形成了背离。那么在此期间，投资者该撤离的撤离，该留外观望的继续观望，耐心等待变盘的来临。

8月底，股价终于在创出31.76元的近期新低后拐头向上，开始收阳转势。与此同时，KDJ指标也在20线以下形成低位金叉后上行，打破了低位钝化的走势，与积极上行的股价配合形成了看涨信号。这时投资者就可以跟随这一信号买进了，必要时还可以在股价突破中长期均线的位置加仓。

3.2.6　MACD 三离三靠下行背离

MACD指标也称平滑异动移动平均线，因其具有研判高效、使用方便等特点，也享有"指标之王"的美称。

指标的构成比较简单，最重要也是最受投资者关注的是DIF和DEA两条指标线，其次是MACD柱状线和零轴。其中，MACD柱状线有两种表现形式，零轴以上的为红柱，零轴以下的为绿柱。

MACD柱状线与指标线之间的关系十分密切，当DIF位于DEA以上并向下靠近DEA时，MACD柱状线在零轴上方呈红色，且会不断缩短；DIF位于DEA以下并向上靠近DEA时，MACD柱状线在零轴下方呈绿色，且同样在缩短。

MACD指标的基础用法就是观察DIF与DEA之间的交叉形态、位置关系及MACD柱状线的红绿翻转。在此基础上还衍生出了大量的特殊形态用法，比如上移双重峰、黑马飙升等。本节要重点介绍的就是MACD指标的一种背离形态，即指标线下行过程中的三离三靠。

三离三靠指的是DIF处于DEA下方连续三次靠近又远离DEA，期间没有彻底突破或跌破的走势。二者形成下行背离，如图3-27所示。

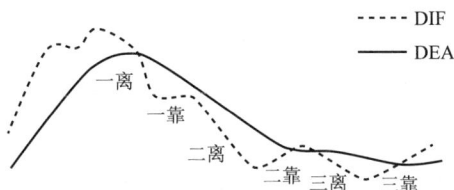

图 3-27   MACD 三离三靠下行背离示意图

一般来说，DIF 在 DEA 以下的三离三靠都是股价持续下跌造成的，期间形成的多次反弹使得 DIF 反复波动靠近 DEA。但这种状态显然无法持续太长时间，往往在第三靠时股价就会发生变盘，或走平震荡或反转上涨，导致 DIF 突破 DEA 形成买进信号。

当然，并不是所有情况下股价都会在第三靠时发生转变，有时候变盘的时机在第二靠，有时候则会延伸到第三靠以后，但这些形态就不是典型的三离三靠了。因此投资者在实战时也要注意 K 线走势，以免判断失误提前入场被套。

下面来看一个案例。

实例分析 大金重工（002487）MACD 三离三靠下行背离实战

图 3-28 为大金重工 2022 年 2 月到 6 月的 K 线图。

从图 3-28 中可以看到，大金重工的股价自 2022 年 3 月初开始下跌，一路跌破中长期均线后持续下行，在经历了近两月的弱势行情后才在 20.00 元价位线上落脚。

在此期间投资者仔细观察 MACD 指标可以发现，DIF 早在股价有下跌趋势时就跌到了 DEA 下方，形成一个高位死叉后不久就跌破零轴，落到了空头市场之中（MACD 指标中的零轴一般被视为多空市场的分界线）。

股价在下跌的过程中形成多次反弹，不断带动着敏感度较高的 DIF 上下波动，多次向上靠近 DEA 又多次远离。到了 4 月下旬，随着股价的加速下跌，DIF 第三次向下远离 DEA，数日后又因为股价在 20.00 元价位线上的走平而第三次向上靠近 DEA，形成了一个三离三靠背离形态。

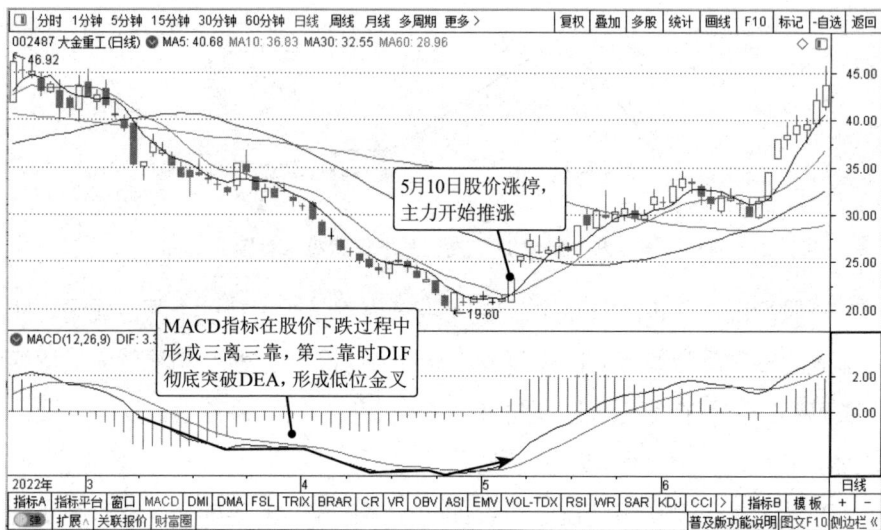

图 3-28　大金重工 2022 年 2 月到 6 月的 K 线图

　　在整个形态构筑过程中，每一次 DIF 的靠近都会使得 DEA 的下行角度减缓，二者之间的距离也越来越近。等到股价最终走平时，DIF 的第三靠也完成了对 DEA 的突破，MACD 指标形成一个低位金叉后开始逐步转向上方，释放出积极信号。

　　与此同时，股价也在 5 月 10 日出现了明显的突破走势，下面来看当日的分时图，如图 3-29 所示。

　　从图 3-29 中可以看到，该股在 5 月 10 日开盘后就出现了快速的拉升。在这数十分钟内，股价几乎是毫无停顿地被弧线推涨向上，期间成交量有明显的放量支撑，是主力操作的可能性非常大。

　　再来观察右侧的分笔交易数据，可以看到在股价积极上涨的过程中，盘中涌现了大量被标记为紫色的大买单。投资者几乎可以确定这就是主力挂出的推涨单，目的自然是调动市场情绪，以开启后市上涨行情。

　　当日该股在开盘后半个小时内实现了涨停，并持续封板直至收盘，K 线图中呈现为一根长阳线，成功带动 MACD 指标和短期均线扭转向上，进一步证实了三离三靠背离形态的看涨信号。

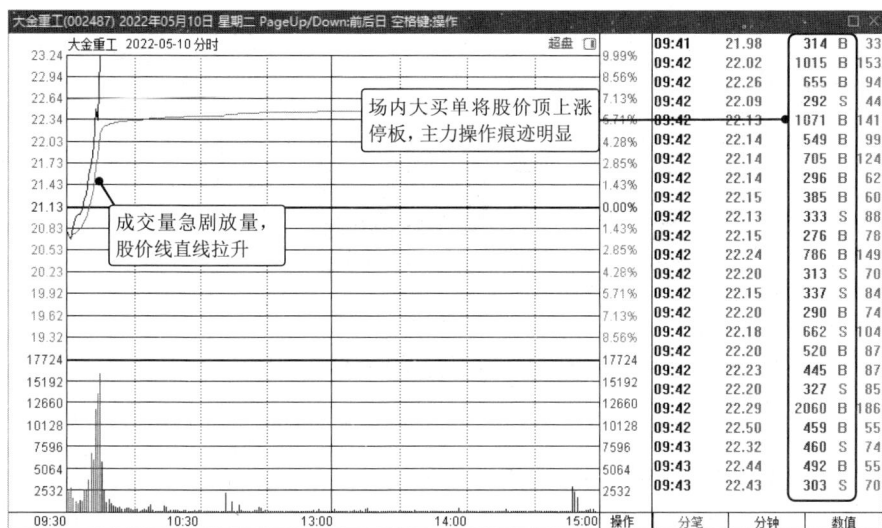

图 3-29　大金重工 2022 年 5 月 10 日的分时图

此时激进型投资者就可以趁着股价位置尚低而迅速抄底建仓；谨慎型投资者则可以先观望一段时间，待到股价彻底向上突破中长期均线后再买进也不迟。

3.2.7　MACD 底部隔山背离

MACD 指标的隔山背离是股价走势与 MACD 柱状线之间的背离，其中会涉及一种 K 线筑底形态——头肩底。

头肩底是股价在下跌过程中连续三次下跌又三次被拉起而构筑出的形态，股价会形成三个波谷与两个波峰。其中左右两个波谷高度相近，均略高于中间的波谷，形似一个人的头部与两边肩膀。

隔山背离中的"山"指的就是头部波谷，背离对象则是两肩处相近的股价和不同的 MACD 柱状线。在左肩处，股价还有下跌空间，DIF 运行于 DEA 之下，MACD 柱状线呈绿色；但在右肩处，股价已经转入上涨了，DIF 突破到了 DEA 以上，MACD 柱状线就会翻红，进而与左肩处的 MACD 绿柱形成背离，如图 3-30 所示。

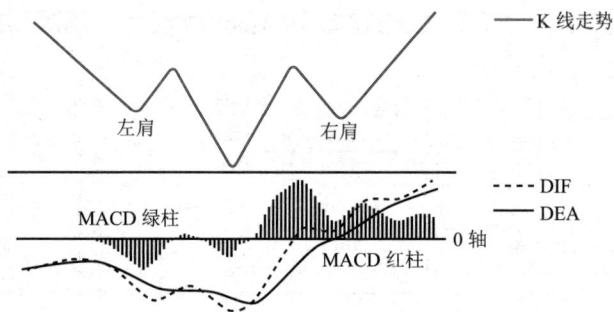

图 3-30 MACD 底部隔山背离示意图

从图 3-30 中可以看到，中间的波谷是一个关键转折点，如果投资者在观察时发现股价有构筑头肩底的可能，就可以尝试着配合 MACD 指标共同分析，提前抓住反转时机进而实现抄底。

下面来看一个具体的案例。

实例分析 **钧达股份（002865）MACD 底部隔山背离实战**

图 3-31 为钧达股份 2022 年 3 月到 7 月的 K 线图。

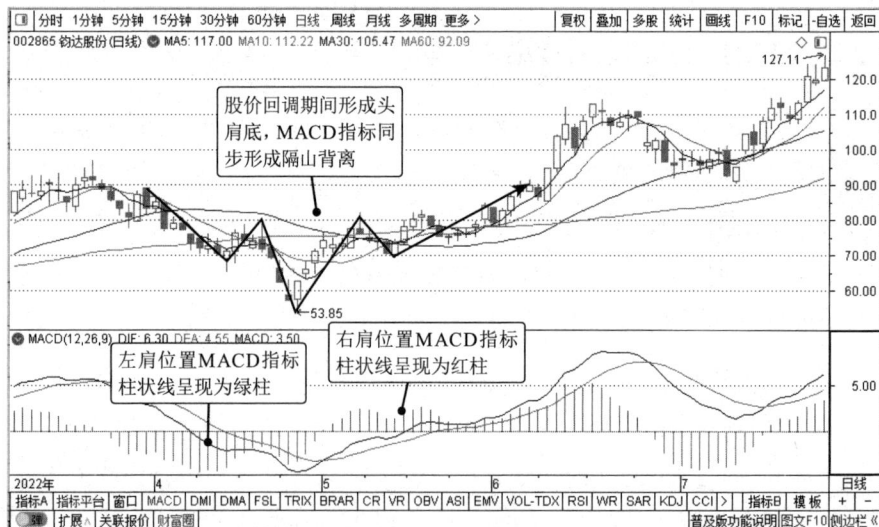

图 3-31 钧达股份 2022 年 3 月到 7 月的 K 线图

隔山背离不仅可用于观察大行情的转变，还可以用来分析深度回调结

束的时间和下一波拉升开启的位置。比如在钧达股份的这段走势中，MACD
指标就起到了很好的研判作用。

从中长期均线的状态可以看到，该股当前处于上涨行情之中，只是在
2022 年 3 月下旬于 90.00 元价位线附近受阻后形成了一次幅度较大的回调，
导致 MACD 指标构筑出一个高位死叉后落到了零轴之下。

由于股价下跌的速度太快，对中长期均线的跌破也十分干脆，因此投资
者在当时很难判断出这到底是深度回调还是行情反转，因此还是以及时出局
为佳，将前期收益落袋为安。

4 月上旬，股价落到 70.00 元价位线上止跌后形成了短暂的反弹，数日
之后再次下跌到了更低的位置。与此同时，MACD 指标已经向下深入了空
头市场之中，DIF 位于 DEA 之下，MACD 柱状线呈绿色。

在创出 53.85 元的近期新低后，股价迅速被拉起。而这种急跌后急涨
的走势与 V 形底筑底形态十分类似，因此传递出了回调筑底的信号。同时
MACD 指标也在零轴之下形成低位金叉后上行，MACD 柱状线翻红，积极
信号持续放出，投资者要开始注意了。

5 月初，股价在 80.00 元价位线处受阻后小幅回落，低点在 70.00 元价
位线处得到了支撑。此时观察整体股价走势，投资者可以比较清晰地看出一
个即将形成的头肩底了，左右两肩和头部都已形成，只差对关键压力线，即
80.00 元价位线的突破了。

与此同时，MACD 柱状线也在持续走红，与 4 月上旬的左肩处的绿柱
形成了隔山背离，进一步确认了头肩底的反转信号。那么此时激进型投资者
就可以买进了，谨慎型投资者可以等待突破时机的到来。

在经历了一段时间的震荡后，股价最终于 5 月底完成了对 80.00 元价位
线的突破，并在后续回踩均线不破，说明市场已经进入了下一波拉升，还未
入场的投资者要及时借低买进。

3.2.8　MACD 指标底背离

MACD 指标的顶、底背离是该指标最广为人知，也是最常使用的背
离形态之一，它对行情转向具有很好的提前预警作用。具体形态与 KDJ 指

标的类似，即股价低点持续下行的同时，指标线低点反而上行，如图 3-32 所示。

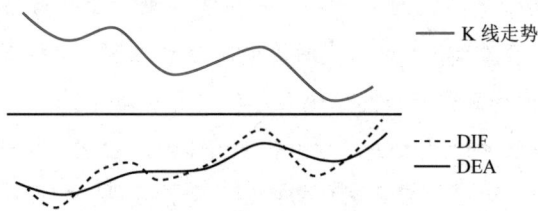

图 3-32　MACD 指标底背离示意图

　　MACD 指标的底背离意味着市场杀跌的热度已经开始消退，股价的跌势相较于前期也有所减缓。而随着市场注资力度的增强，股价有可能在底背离出现后超跌反弹，进入下一波上涨之中。投资者可以在底背离形成后给予一定的关注，待到股价彻底转入拉升后再跟进不迟。

　　下面来看一个案例。

实例分析　**金辰股份（603396）MACD 指标底背离实战**

　　图 3-33 为金辰股份 2022 年 1 月到 8 月的 K 线图。

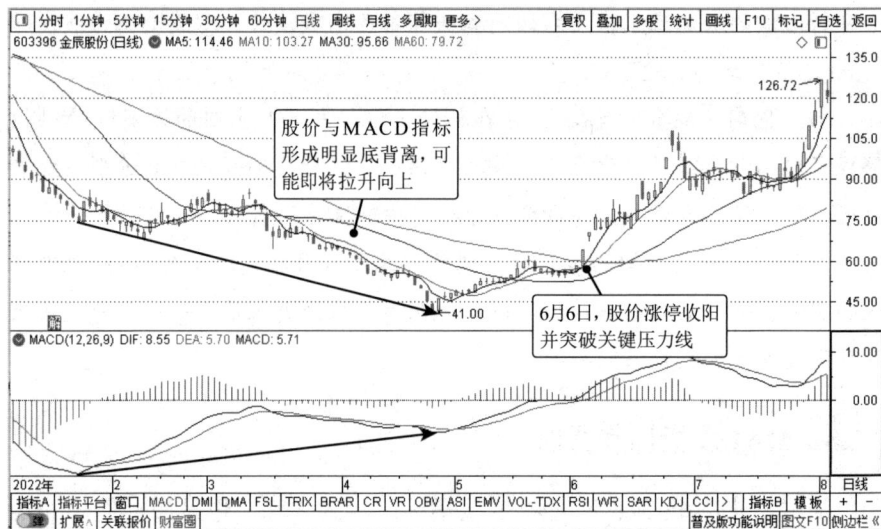

图 3-33　金辰股份 2022 年 1 月到 8 月的 K 线图

根据金辰股份的中长期均线的走势可以发现，股价前期已经经历了较长时间的下跌，并且跌幅较大，跌速也比较快，导致 K 线与中长期均线距离较远，MACD 指标也深入零轴以下。

在股价跌破 75.00 元价位线后小幅反弹的过程中，MACD 指标跟随形成了积极的回升，DIF 上穿 DEA 构筑出低位金叉后快速向着零轴靠近。虽然由于股价再度下跌，MACD 指标线没能借此直接突破零轴，但这也意味着市场跌势的减缓。

后续股价又进行了一个多月的下跌，一直落到 45.00 元价位线下方才止跌，并很快被收阳拉起，低点相较于前期是明显下移的。此时来观察 MACD 指标，可以发现指标线也在同一时期形成了低位金叉上行，其低点相较于前期却出现了大幅上移，明显与 K 线形成了底背离。

再结合股价创出新低前加速下跌的几个交易日表现，投资者大致可以判断出主力可能已经开始准备吸筹拉升了，因此可以注意观察个股后市走向。

数日之后，股价回升到了 30 日均线附近并成功将其突破。后续虽然在 60 日均线上受阻形成了小幅回调，但最终还是在 6 月 6 日将该压力线也突破了。此时来观察当日的分时走势，看其中是否有主力拉升的痕迹。

图 3-34 为金辰股份 2022 年 6 月 6 日的分时图。

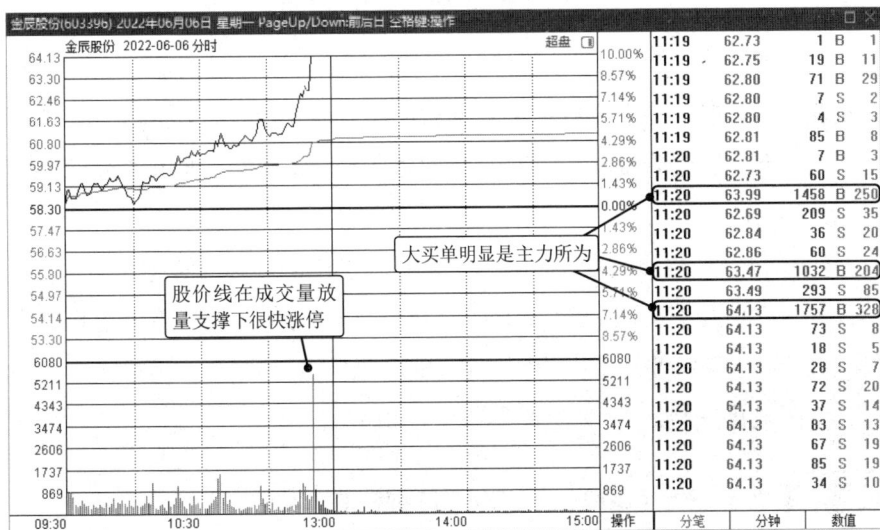

图 3-34　金辰股份 2022 年 6 月 6 日的分时图

从图 3-34 中可以看到，股价在开盘后先是小幅震荡了一段时间，在 10:00 之后才有了比较明显的上涨。成交量在此之后也有过多次单根大幅放量的情况，说明可能有主力在时不时放出大单推涨。

11:00 之后，股价涨速更快了，到了后期更是朝着涨停板直线拉升。就在股价临近涨停时，盘中突然出现了大笔买单一举将价格顶到了涨停板上，很显然是主力所为。再加上 K 线图中股价突破 60 日均线的走势，后市进入上涨行情的概率很大，投资者可以在此位置买进了。

3.2.9　MACD 绿柱抽脚

MACD 绿柱的抽脚是 MACD 柱状线与股价和指标线之间产生的背离，具体是指股价持续下跌，MACD 指标线也跟随下行的过程中，MACD 绿柱反而不断缩短的形态，如图 3-35 所示。

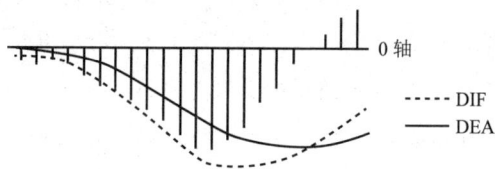

图 3-35　MACD 绿柱抽脚示意图

一般来说，MACD 绿柱的伸长意味着 DIF 在向下远离 DEA，卖盘挂单量在增加，股价会在竞价中不断下跌；那么当 MACD 绿柱缩短时，DIF 已经开始向上靠近 DEA，这种颓势也得到了一定的遏止，股价短暂筑底后有回升的可能。

MACD 绿柱抽脚持续时间越长，形态传递出的反转信号越强。那么当 DIF 最终成功向上突破 DEA，MACD 柱状线翻红时，投资者就可以尝试着跟进建仓了，但要注意半山腰被套风险，不可重仓买进。

下面来看一个案例。

实例分析 金雷股份（300443）MACD 绿柱抽脚实战

图 3-36 为金雷股份 2022 年 2 月到 7 月的 K 线图。

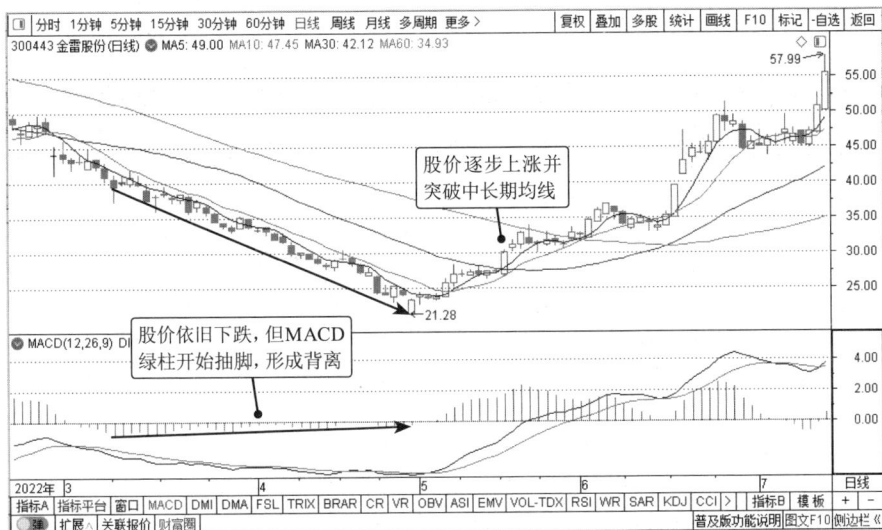

图 3-36　金雷股份 2022 年 2 月到 7 月的 K 线图

单看金雷股份的股价走势，可以发现该股在 2022 年 3 月到 4 月的跌势十分稳定，K 线几乎是呈斜线下行，连 5 日均线都很少突破，整个均线组合呈空头排列，看跌信号持续。

在此期间，MACD 指标早已进入了零轴以下运行，并随着股价的持续下行而向下深入。但 DIF 却在股价多次小幅反弹的带动下逐渐向上靠近 DEA，使得 MACD 绿柱一波接一波地缩短，形成了抽脚形态，同时也与持续下行的股价和指标线形成了背离。

这种背离一直持续了两个月左右，直到股价在 21.28 元处止跌回升后，MACD 绿柱才彻底翻红，预示出股价即将转势上涨的信号。而此后不久，该股接连向上突破了两条中长期均线，MACD 指标线也持续上扬并进入了多头市场中，买入信号更加可靠，投资者可迅速介入。

3.3　日内走势与指标的背离

日内走势与指标的背离技术也是投资者需要掌握的，这对细化买卖点有很大帮助，同时也能更好地利用内外部信号确定主力是否有介入意图，又是否开启了拉升。

3.3.1 均价线上行背离

均价线是分时图中的重要组成要素，其作用与 K 线图中的均线类似，对股价具有比较强的支撑和压制作用，因此它也可能与股价线产生回调背离，如图 3-37 所示。

图 3-37　均价线上行背离示意图

一般来说，只要均价线的支撑作用稳定下来，其对股价线的推动力还是很强的。如果股价线能够在较长一段时间内一直受均价线支撑而上涨，就说明市场情绪较为稳定，股价未来可能会延续当前走势。

当然，投资者也不能仅靠这一形态就定下买点，需要结合内外部情况综合评估，也就是看 K 线图中股价是否处于上涨趋势或是突破关键点，确定外部环境适宜跟进后，再进入分时图中借助回调背离买入。

下面来看一个案例。

实例分析　珈伟新能（300317）均价线上行背离实战

图 3-38 为珈伟新能 2023 年 1 月到 3 月的 K 线图。

先来看珈伟新能的外部走势情况，不难看出该股在 2023 年 1 月之前还处于低位横向震荡，在此期间很少有投资者介入做多。直到 1 月下旬，该股才开始逐步上涨并越过中长期均线。

进入 2 月后不久，股价成功突破了 5.50 元价位线，成交量也同步形成了放量支撑，说明股价很有可能即将进入拉升之中，投资者可以开始投入一定的关注度了。

2 月 8 日，成交量再度放出巨量推涨，分时图中股价涨势积极，下面就来看当日的股价线走势情况。

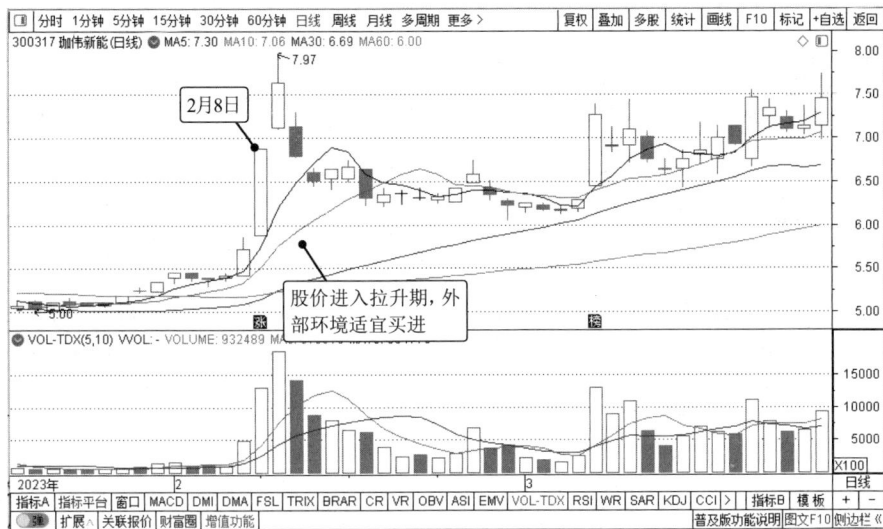

图 3-38　珈伟新能 2023 年 1 月到 3 月的 K 线图

图 3-39 为珈伟新能 2023 年 2 月 8 日的分时图。

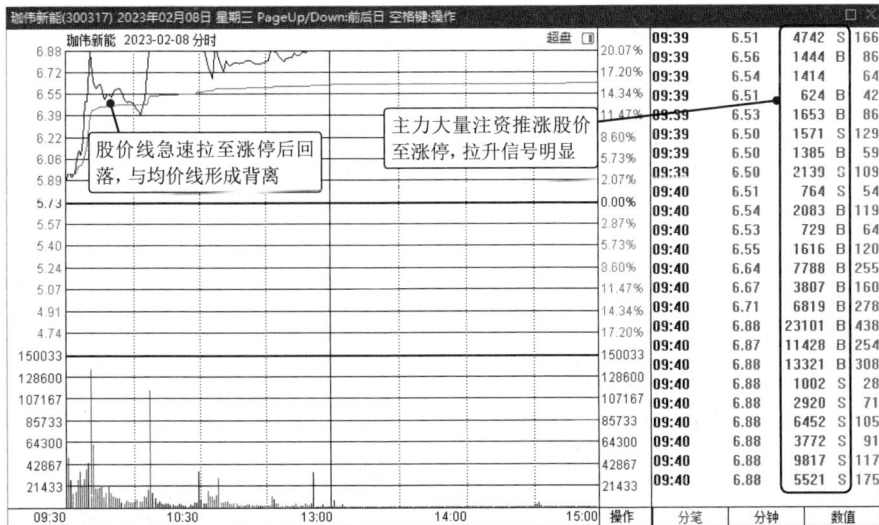

图 3-39　珈伟新能 2023 年 2 月 8 日的分时图

观察 2 月 8 日的股价线走势，该股自开盘后就形成了速度极快的拉升，短短数十分钟后就冲到了接近涨停板的位置。与此同时，成交量也放出巨量，使股价成功接触到了涨停板，均价线受其带动迅速向上攀升。

很显然，这种开盘后直线拉升大概率是主力造成的。这一点从右侧分笔交易数据窗口中的成交单表现上也可以看出，在股价临近涨停的几分钟内，盘中最高有超过20000手的大单出现，极有可能是主力为加快涨停而挂出的。因此，投资者完全有理由猜测股价进入了主升期。

不过就在接触到涨停板之后，股价迅速在几笔大卖单的压制下小幅回落，跌到了均价线附近，并与之形成了回调背离。

这有可能是主力回笼部分资金以备后市拉升的表现，再加上股价线最终没有彻底跌破均价线，因此当成交量再度放量，股价线有继续拉升的迹象时，投资者就可以迅速借低买进，抓住主升期内的涨幅。

从该股K线图中后续的走势来看，股价在当日收出了涨停大阳线，次日也是在继续向上拉升，最高点已经接近8.00元价位线，相较于前期的5.00元已经有了近60%的涨幅，这在短时间内已经非常可观了。

不仅如此，该股在回调结束后还在继续上涨，涨速虽然大不如前，但胜在持续性较好。投资者依旧可以在此期间进入分时图中借助回调背离来寻找合适的买进时间，增加获利筹码。

3.3.2　均价线扭转背离

分时图中的均价线下行扭转背离与K线图中的均线下行扭转背离类似，都是股价转势上涨并彻底突破均价线后，将其扭转向上的背离形态。

不过，由于分时图中股价变化的速度更快，突破均价线并使其扭转的背离时常出现，因此单靠这种背离来确定买点并不太可靠，投资者还需借助更多信息来研判，比如股价线的筑底形态。

筑底形态即在低位形成的，具有一定上涨反转预示的底部形态，比较常见的筑底形态包括双重底、V形底和震荡底等，如图3-40所示。

其中，V形底在前面的案例中已经介绍过了。双重底和震荡底的构造也很简单，双重底是股价两次下跌又两次被拉起形成的一个类似于字母"W"的形态，两个波谷位置要相近；震荡底则是股价跌到某一位置后长期横盘震荡，最终又被拉起形成的筑底形态。

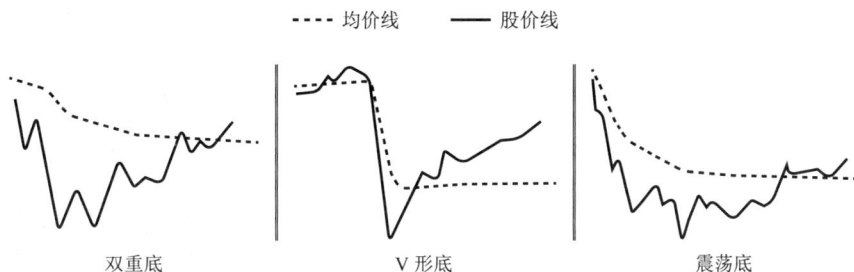

图 3-40　股价线筑顶形态示意图

　　需要注意的是，分时筑底形态在构筑过程中可能产生许多次一级的震荡，也就是形成一些锯齿状的波动。不过只要不是特别影响形态的判定，投资者就可以不予理会。

　　这三种形态都具有很好的反转预示效果，但前提是投资者能结合 K 线图中的行情位置来判断。在行情低位或阶段低位形成的分时股价线筑底形态，一般都是反转即将到来的预示。

　　当内外部走势都出现了有利信息，投资者就可以借助分时图中的筑底形态和均价线扭转背离及时买进，降低持股成本，进而增加收益。

　　下面来看一个案例。

实例分析　**德方纳米（300769）均价线下行扭转背离实战**

　　图 3-41 为德方纳米 2021 年 8 月到 2022 年 2 月的 K 线图。

　　在德方纳米的这段 K 线走势中，中长期均线长期承托在 K 线和短期均线之下，整体形成了上山爬坡的形态，可见其上涨趋势是比较稳定的。不过在此期间，个股也需要通过回调来清理看涨意志不坚定的浮筹，才能将这段上涨维持得更加长久。因此，投资者可以借助这些回调低位来建仓或是加仓。

　　10 月上旬，买进的机会来临了，股价在 10 月 12 日小幅跌破 30 日均线，但在次日就走平，在 10 月 14 日还形成了收阳。这就说明股价回调即将结束并回归上涨，那么投资者就可以进入这几日的分时走势中进一步观察。

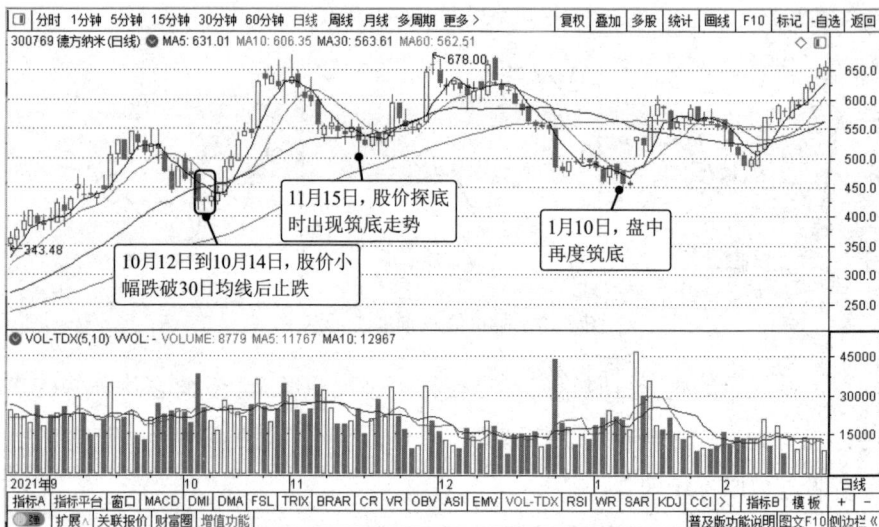

图 3-41　德方纳米 2021 年 8 月到 2022 年 2 月的 K 线图

图 3-42 为德方纳米 2021 年 10 月 12 日到 14 日的分时图。

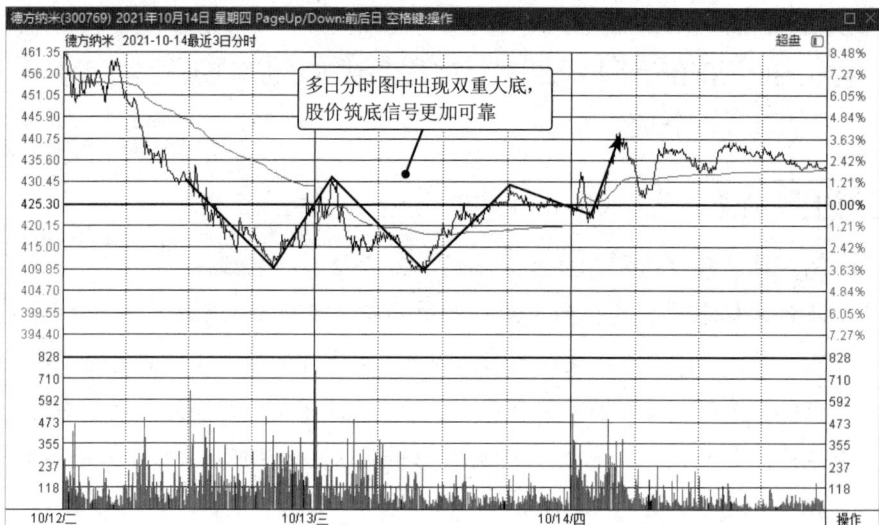

图 3-42　德方纳米 2021 年 10 月 12 日到 14 日的分时图

其实单独观察这三天每一个交易日的分时走势，投资者都看不出太明显的筑底迹象，但只要稍加变通，将三个交易日的分时走势连起来观察，就可以看出一个很明显的双重底筑底形态。

这种多日分时走势筑底形态相较于普通的单日筑底来说更加可靠，只是如果投资者想不到就很难利用上，因此也算一个特殊的分析技巧。

回到分时图中观察，可以看到该股在 10 月 12 日跌到了 409.85 元价位线附近形成第一个波谷，在临近当日收盘时回升，并与均价线形成了初步的背离。次日，股价上涨到 430.45 元价位线附近后滞涨下跌，最终落到与前一个波谷相近的位置止住跌势并再度回升，与均价线又一次形成背离。

而这一次股价线不仅成功向上突破了均价线的压制，还构筑出了一个双重底的雏形。只要后续股价能够突破前期高点，也就是 430.45 元的压力线，双重底就能够成立，买进信号也更加可靠。不过在 10 月 13 日当日，股价线没能成功突破关键压力线，而是在接触到后小幅回落。

但在 10 月 14 日开盘后不久，股价就成功突破到了压力线之上，确认了双重底的有效性，同时也彻底将均价线扭转上行，释放出了双重买进信号。结合 K 线图中的位置来看，该股可能很快就会回归上涨，投资者可迅速在低位买进建仓。

继续来看 K 线图中后面的走势。股价此后确实进入了上涨之中，短短半个月后就冲到了 650.00 元价位线附近，短期涨幅较大，为投资者带来了丰厚的收益。

不过股价也正是在该价位线上受阻并形成了又一次的回调，根据前期的经验，投资者可重点关注股价跌到中长期均线附近时，分时走势中有没有比较明显的筑底形态出现。

11 月 15 日之前数日，股价已经落到 30 日均线上并形成了多日的横向震荡。而当日的 K 线收出的是一根带有长下影线的阴线，这种 K 线形态更有可能包含分时筑底形态，投资者可进入其中观察。

下面来看当日的分时走势。

图 3-43 为德方纳米 2021 年 11 月 15 日和 2022 年 1 月 10 日的分时图。

从 2021 年 11 月 15 日的分时图中可以看到，德方纳米的股价在开盘后就出现了跳水式的下跌，看似有直接跌破 30 日均线的趋势，但只要多观察几分钟投资者就可以发现，股价落到低位止跌后迅速被拉起，并直接突破下行的均价线，与之形成短暂的背离后就将其扭转向上。

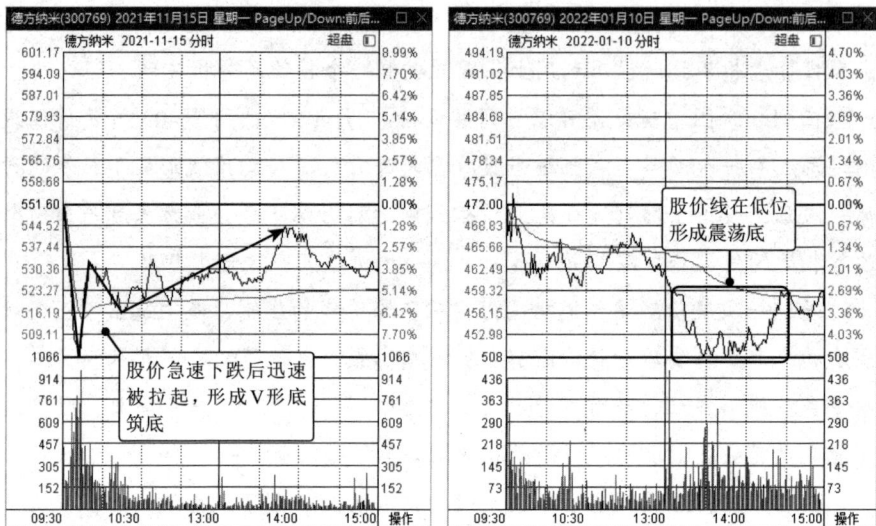

图 3-43　德方纳米 2021 年 11 月 15 日和 2022 年 1 月 10 日的分时图

　　这时均价线扭转背离和 V 形底的雏形都已经出现，结合股价当前所处的行情位置来看，可能拉升在即。那么当股价回调踩在均价线上得到支撑继续上涨时，投资者就可以尝试着买进了。

　　回到 K 线图中观察，股价虽没能在后续几个交易日立即上涨，但也没有彻底跌破 30 日均线的迹象。等到了 11 月底时，该股就再度向上攀升了，尽管上涨幅度不如前期，投资者也是有机会获利的。

　　不过在 12 月中旬，股价彻底跌破中长期均线并将其扭转向下后，这一波稳定的上涨也宣告结束了。至于后市是否还有上涨空间，还需要等待时间来验证，投资者可根据自身情况决定是否撤离。

　　2022 年 1 月初，股价落到 450.00 元价位线上后止跌横盘。而在 1 月 10 日的分时走势中，一个筑底形态悄然形成，可能意味着一波反弹的到来，下面来看 2022 年 1 月 10 日的分时走势。

　　从分时图中可以看到，该股在开盘后先是震荡了一段时间，没能突破均价线后转势向下，逐渐跌落到更低的位置。下午时段开盘后不久，股价就落到了低位并横向震荡，半个多小时后才被重新拉起，与依旧下行的均价线形成了背离，同时也形成了一个震荡底形态。

当低位震荡期间的高点被突破时，该筑底形态就已经成立并释放出买进信号了。当日股价线虽没能将均价线彻底突破，但 K 线图中后续几个交易日股价是在持续上升的，因此均价线也已经扭转向上，有意向参与抢反弹的投资者此时可以轻仓介入了。

3.3.3　缩量拉升背离

缩量拉升背离是成交量与股价线之间形成的背离，具体指的是在开盘后成交量先是放出巨量，将股价推出上涨走势后减缓放量步伐，后续量能呈现整体缩减，但期间总有比较突兀的大量柱出现，一波一波逐步将股价拉升至更高的位置，如图 3-44 所示。

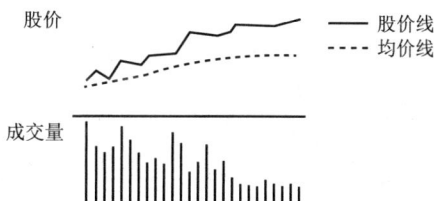

图 3-44　缩量拉升背离示意图

虽然相较于第一波拉升来说，后续股价上涨过程中的量能是整体缩减的，但期间的大量柱无一不证明了市场依旧在注资，只是力度没有初期那么强。如果投资者是在行情低位或是突破关键位发现的缩量拉升背离，其传递出的大概率就是积极信号。

下面来看一个案例。

实例分析 鹏辉能源（300438）缩量拉升背离实战

图 3-45 为鹏辉能源 2022 年 4 月到 7 月的 K 线图。

先来观察鹏辉能源的 K 线走势，股价在 2022 年 4 月还处于下跌状态，甚至越到后期跌速越快，某日还出现了明显的单日放量压价情况，说明可能是主力在参与吸筹，那么后市可能拉升在即，投资者要做好准备。

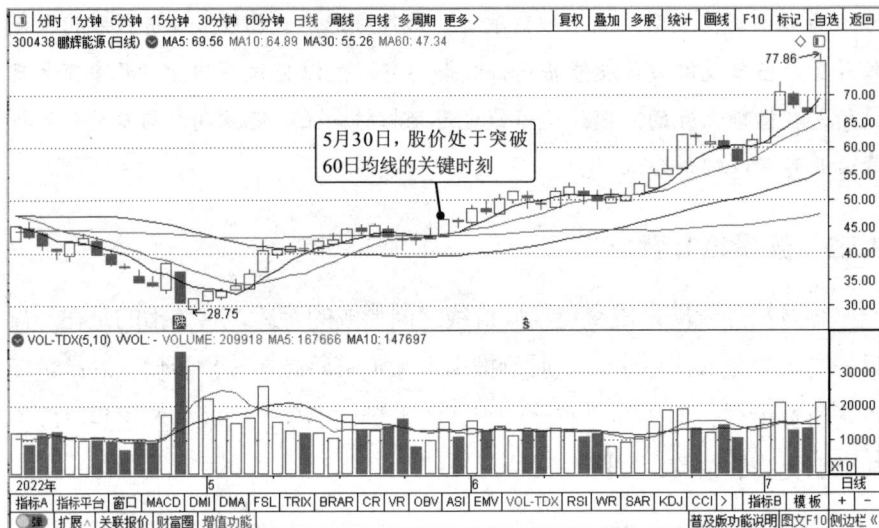

图 3-45　鹏辉能源 2022 年 4 月到 7 月的 K 线图

在接触到 28.75 元的最低价后，该股开始连续收阳上升并成功突破到了 30 日均线之上。不过在靠近 60 日均线后，该股形成了长期的小幅横向震荡，直至 5 月底才出现关键突破。

下面就来看关键突破日的分时走势。

图 3-46 为鹏辉能源 2022 年 5 月 30 日的分时图。

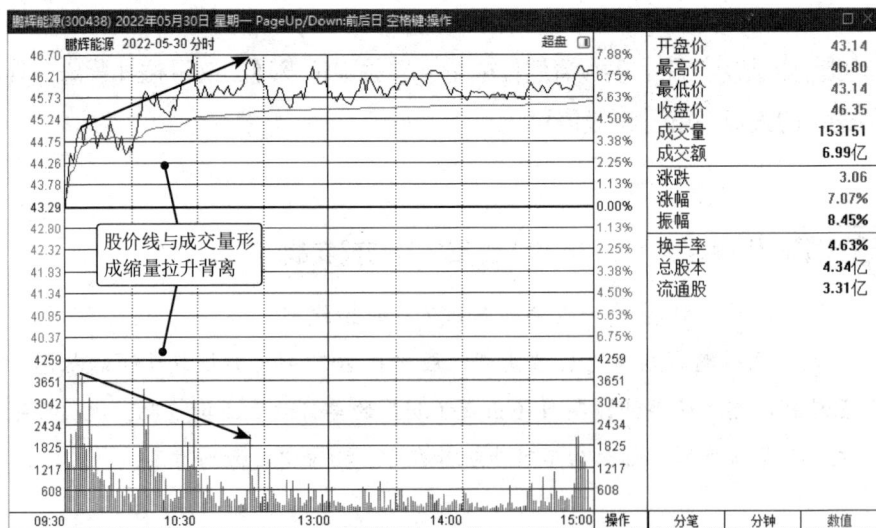

图 3-46　鹏辉能源 2022 年 5 月 30 日的分时图

关键突破点在 5 月 30 日形成，从当日的分时走势可以看到，该股在开盘后先是放出大量能将股价迅速推涨至高位，随后小幅回缩。但在整个早盘期间，量能呈现出了分批放量形态，将股价一波一波推涨向上，使其始终维持着积极走势，二者形成了缩量拉升背离。

虽然在后续的交易时间内，因为量能没能继续分批放大，股价线只能长期维持在高位横向震荡，但最终收盘时也是以高价报收的。因此投资者早在收盘前就可以在 K 线图中看到价格对 60 日均线的突破了，若能借此机会及时买进，想必能极大地降低持仓成本。

3.3.4　盘中缩量高位震荡

盘中缩量高位震荡指的是成交量在放量推动股价产生上升趋势后形成回缩，但股价并未随之下跌，而是在高位形成横向震荡，进而产生的量价背离，如图 3-47 所示。

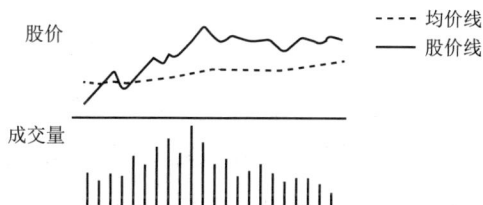

图 3-47　盘中缩量高位震荡示意图

一般来说，维持股价持续上升的量能要比维持股价稳定横盘的高很多，因此成交量相较于前期出现缩减是正常的。股价之所以没有出现下跌，还是因为场内有稳定的买盘在承接卖方的报价，不让其出现大幅压价才能售卖的情况，因此在某种意义上也属于市场看好该股的信号。

单凭这一形态确定买点尚且有些单薄，那么投资者就需要借助内外部股价走势或其他特殊形态配合分析了，尤其是外部的行情位置，关系着投资者未来能否获利，又能获利多少。

下面来看一个案例。

实例分析 永福股份（300712）盘中缩量高位震荡背离实战

图3-48为永福股份2022年3月到7月的K线图。

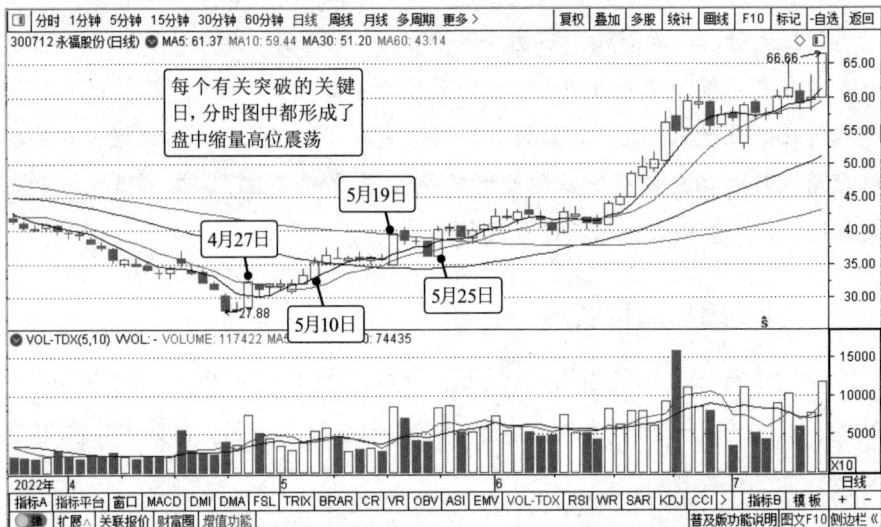

图3-48　永福股份2022年3月到7月的K线图

在永福股份的这段走势中，股价经历了由下跌转入上涨的过程。在此期间，股价有过多次关键突破行为，有的只是试探压力线，有的则成功完成了突破，但几乎在上涨初期的每个关键突破日内，股价线与成交量都走出了特殊的背离情形。

先来看股价转势后向上试探10日均线时，以及后续突破完成后试探30日均线时的日内走势情况。

图3-49为永福股份2022年4月27日和5月10日的分时图。

4月27日是股价第一次回升并接触到关键压力线的交易日，从其分时走势中可以看到，该股在开盘后的走势并不算特别积极，不过稳定性还是不错的。成交量在开盘放量推动后就持续缩减，但期间也没有可圈可点的大量柱出现，因此不能算作缩量拉升背离的看涨信号。

但在下午时段开盘之后，股价线出现了极其突兀的转折。在成交量急速放量的支撑下，股价几乎呈直线上升，一路攀升至32.59元价位线附近才停滞。此后成交量开始回缩，价格却长期停留在高位震荡，二者形成了信号积极的背离。再加上 K 线图中的特殊位置,股价很有可能即将进入拉升,激进型投资者可尝试介入。

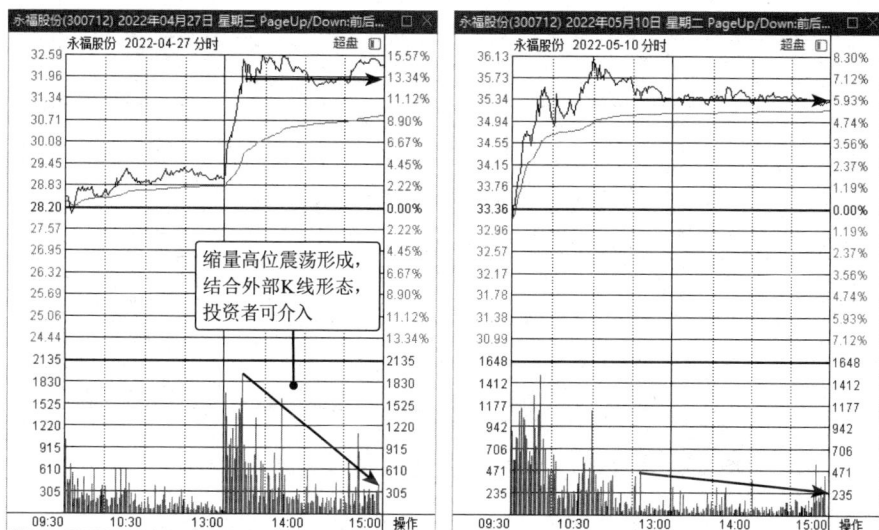

图 3-49　永福股份 2022 年 4 月 27 日和 5 月 10 日的分时图

再来看 5 月 10 日股价向上接触 30 日均线时的日内走势,投资者可以发现成交量在第一波放量推出上涨后就进入了回缩,股价小幅回落到均价线上方后再度形成高位横向震荡,同样产生了盘中缩量高位震荡背离。根据前期经验,此处也应当是一个买点。

下面继续观察 K 线图中股价试探 60 日均线和成功突破 60 日均线的两个交易日的分时走势。

图 3-50 为永福股份 2022 年 5 月 19 日和 5 月 25 日的分时图。

5 月 19 日是股价向上试探 60 日均线的交易日,5 月 25 日则是股价成功完成突破的交易日。将这两个交易日的分时走势和成交量情况对比来看,投资者可以很明显地发现相似之处,股价线基本都是在下午时段开盘后才形成急剧变化,成交量也是在那时出现了先放后缩的情形。

此外,股价在成交量缩减后都维持在高位横向震荡,这一点与 4 月 27 日股价向上试探 10 日均线时的分时走势十分相似。

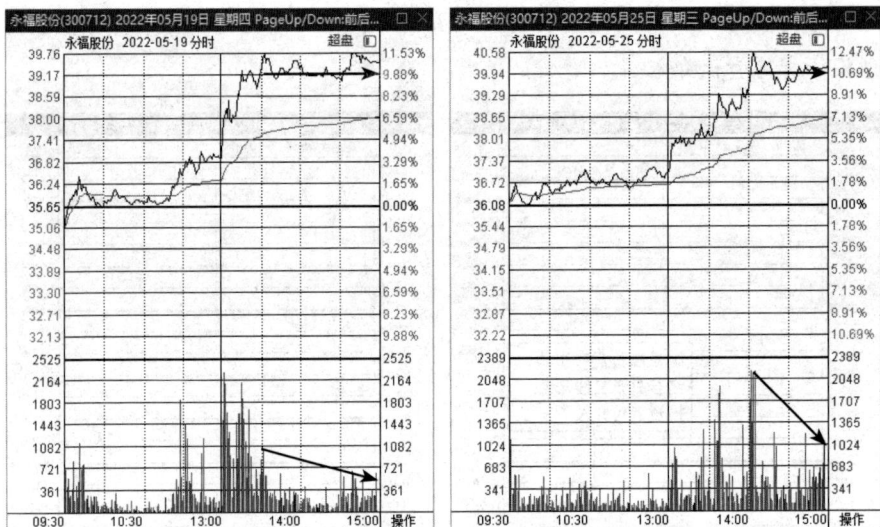

图 3-50　永福股份 2022 年 5 月 19 日和 5 月 25 日的分时图

　　这种十分具有辨识度的午盘拉升走势多次出现在关键突破日，大概率就是主力在操作。并且其操作风格恒定，投资者可以比较明显地发现其意图，进而能很好地跟上步伐注资推涨，相信这也是主力希望看到的。因此，投资者就可以借助多次机会建仓买进，抓住后续涨幅。

第 4 章

背离技术建仓和加仓实战

上一章详细讲述了一些常见的背离技术买进技巧，本章就要教会投资者将其融会贯通，并应用于实战之中。本章将选取两只走势不同的股票，向投资者展示在真正的实战中该如何应用背离技术来建仓和加仓。

4.1 上升牛股背离买进

在走势向好的牛股中操作，投资者的获利机会和收益丰厚程度都要比其他行情高上不少。但只有将持股成本尽可能压低，同时控制好买进的风险，投资者才能将涨幅收益最大化，这些都是有技巧的。

本节就选取个股五洲新春（603667）的一段上涨行情作为对象来解析其中存在的各种背离形态，以及投资者如何利用多方信息判断出合适的买入点，增加获利空间。

4.1.1 股价转入上涨之前的背离

涨跌行情之间的转折点是投资者抄底的关键点，如何把握住这一关键点，背离技术是一大利器。

在前面的理论章节中有大量能够提前预示股价反转的背离形态，比如 MACD 指标和 KDJ 指标的底背离、K 线的筑底形态等。若投资者能够在股价下跌的过程中提前发现这些信号，就能抢占先机。

但需要注意的是，正因为是提前预示信号，股价是否真的如预判的那样转势还有待考量。有时候即便市场给出了标准的反转信号，股价也不一定能按照投资者的预想进入上涨，毕竟影响股价走势的远远不止技术面，主力、基本面消息及政策局势也会从很多方面影响股价变化。

因此投资者在抄底时必须注意仓位管理，不可一次性重仓介入，最好分批次买进，以降低被套风险。这一点也是贯穿全书的风险提示，希望投资者在实战操作时多加注意。

下面就来看一下五洲新春的股价在转入上涨的过程中，场内会呈现出怎样的变化，又会有哪些背离形态出现。

实例分析 提前预示买进的底背离形态

图 4-1 为五洲新春 2023 年 3 月到 7 月的 K 线图。

各种技术指标的背离形态是用于观察行情转势比较有效的工具，因此如

果投资者有意向投资某只股票，就需要特别关注股价下跌过程中的技术指标
背离情况。

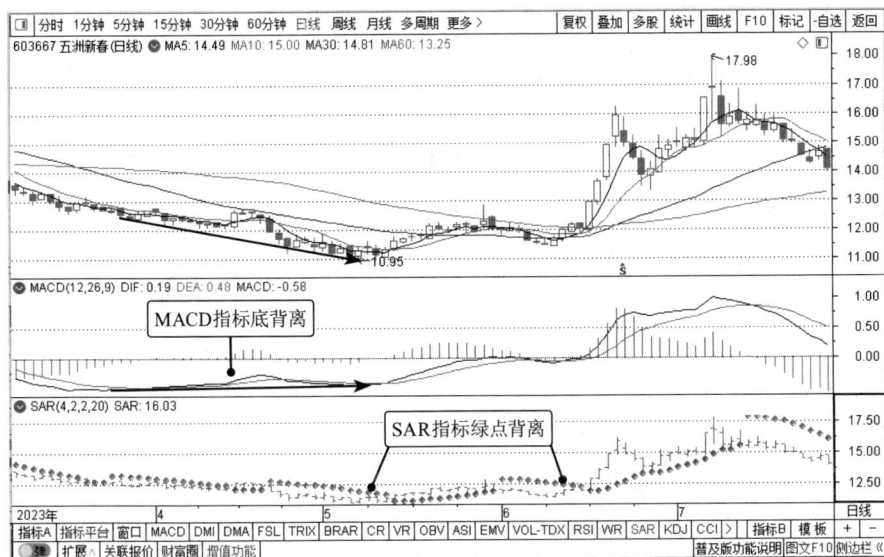

图 4-1 五洲新春 2023 年 3 月到 7 月的 K 线图

五洲新春这一次的行情转势就有技术指标背离的情况出现。从图 4-1 中
可以看到，股价在 2023 年 5 月中旬之前都处于下跌之中，中长期均线长期
压制在 K 线之上，期间股价形成的小幅反弹连 30 日均线都没能突破，可见
市场颓势明显，投资者不可贸然跟进。

不过投资者仔细观察技术指标的走势就可以发现问题，在 MACD 指标
中，指标线虽然在很早之前就跟随股价的下跌而落到了零轴之下运行，但随
着股价后期跌速的减缓，MACD 指标线的低点出现了小幅上移，与持续下
行的股价形成了底背离形态。

MACD 指标的底背离是典型的预示股价即将转势上涨的反转形态，即
便股价还未表现出明显的上涨迹象，发现这一点的投资者也可以开始准备资
金，然后保持关注了。

进入 5 月后不久，股价就开始表现出上涨走势，收阳的 K 线先是
与 SAR 指标绿点形成背离，数日之后完成突破将其翻红，说明一波比往日
反弹更加强势的上涨将要到来。

随后股价更是一路上升并成功突破到了 30 日均线之上，MACD 指标也跟随上行，逐步接近多头市场，进一步确定了前期的反转预示信号。此时，激进型投资者已经可以尝试跟进了，但要注意仓位管理。

数日之后，股价在 60 日均线上受阻并形成了一段时间的回调，不过回调低点明显高于前期，说明市场有支撑，股价后市有突破的可能。

果然，在 6 月上旬股价就成功连续收阳突破了该压力线，并在后续数日内接连大幅上涨，使得 MACD 指标彻底上行到多头市场之中，SAR 指标也长期走红。与此同时，中长期均线被股价扭转向上，完成了一次扭转背离。

这都是对前期 MACD 指标底背离预示信号的验证，既然股价已经转入上涨，谨慎型投资者此时也可以迅速抓住时机买进了，虽然成本略高，但风险会降低不少。

4.1.2　回调过程中的背离

在股价转入上涨后，回调自然也会接踵而至，其深度主要根据市场注资力度而定。一般来说，前期的几次回调都不会跌破中长期均线，即便有小幅跌破，只要股价能在短时间内稳住下跌趋势并回归上行，个股的投资价值就依旧存在，投资者还可以继续加仓。

在这种位置加仓的风险比行情反转时要低一些，但投资者最好还是在确定上涨行情能够延续后再跟进。

下面就来看一下在五洲新春进入上涨后的第一波回调低位，市场中有哪些背离形态可供参考。

实例分析 MACD 指标与 K 线形态结合分析

图 4-2 为五洲新春 2023 年 7 月到 10 月的 K 线图。

2023 年 7 月上旬，股价上涨到 16.50 元价位线上方后明显受阻形成了回调，K 线一路收阴下跌并跌破了 30 日均线。不久之后连 60 日均线也被跌破了，说明此次回调幅度较大，市场需要更多时间来整理筹码，但也不排除股价再度回归下跌的可能。

不过根据同一时期 MACD 指标的表现来看，该股还不会就此进入下跌之中。因为在股价持续下跌的过程中，MACD 指标中的 DIF 虽然长期位于 DEA 之下，但却在逐步向 DEA 靠近，使得 MACD 绿柱出现了抽脚背离。

图 4-2　五洲新春 2023 年 7 月到 10 月的 K 线图

在下跌过程中形成的 MACD 指标绿柱抽脚与底背离传递的信号是相似的，只是信号强度要稍弱，不过这也足以证明股价此次只是一次回调。结合该股小幅跌破 60 日均线后很快收阳回升的走势来看，尚未离场的投资者应该可以尝试着继续加仓了。

在回归 60 日均线上方后，股价并未立即进入下一波拉升，而是继续震荡了一段时间，市场浮筹交换依旧在继续，谨慎型投资者要沉住气。

8 月 29 日，关键变盘来临，股价在当日出现了急速的上涨，并最终以涨停阳线报收。阳线自下而上穿越了整个均线组合，形成蛟龙出海形态，同时也带动 MACD 指标积极上行深入多头市场中，说明下一波拉升即将开始。

反应快的投资者在当日开盘后不久就可以发现端倪，进而迅速低位买进。下面来看当日的分时走势。

图 4-3 为五洲新春 2023 年 8 月 29 日的分时图。

该股在 8 月 29 日的走势十分简洁明了，没有震荡也没有拉扯，但正是这样干脆利落的拉升才更能证明主力推涨的决心。股价线在开盘后就出现了几乎直线式的上涨，成交量持续放大，在股价接触到涨停板的那一分钟还形成了一根天量量柱，这明显是主力操作所致。

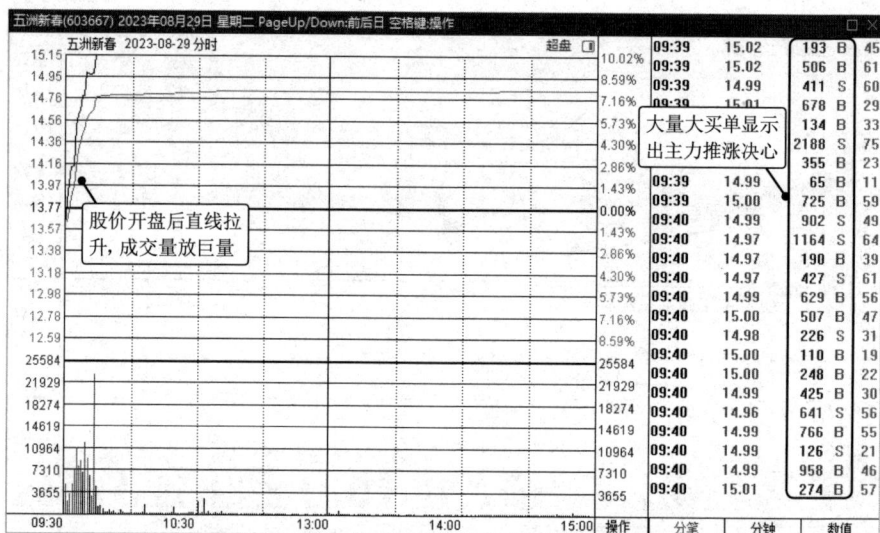

图 4-3　五洲新春 2023 年 8 月 29 日的分时图

这种开盘后半个小时内被大量柱推升至涨停是比较典型的主力形态，放在股价回调后期的突破关键位就是拉升在即的信号。如果投资者没能在当日抓住时机进入，也要在后市开板后挂单买进。

4.1.3　再度回调底部的预示信号

根据上一次股价回调的经验，投资者可以更好地抓住再次回调的机会低位建仓或加仓。当然，前提依旧是通过背离形态或是其他技术分析对象确定后市还有上涨的潜力，否则也可能高位被套。

下面就来看一下五洲新春第二次回调的走势。

实例分析　回调过程中双指标背离共振

图 4-4 为五洲新春 2023 年 9 月到 12 月的 K 线图。

2023 年 9 月下旬，五洲新春的股价已经上涨到了接近 21.00 元价位线的位置，相较于拉升初始位置，涨幅已经十分可观了。因此当股价再次形成回调走势时，部分持股时间较短或是风险承受能力较弱的投资者就可以先行撤离，将前期收益兑现了。

经历了近一个月的下跌后，该股落到 60 日均线上暂时止跌。沿着均线运行的方向震荡一段时间后，K 线再度收阴下行并小幅跌破 60 日均线，低点下移。

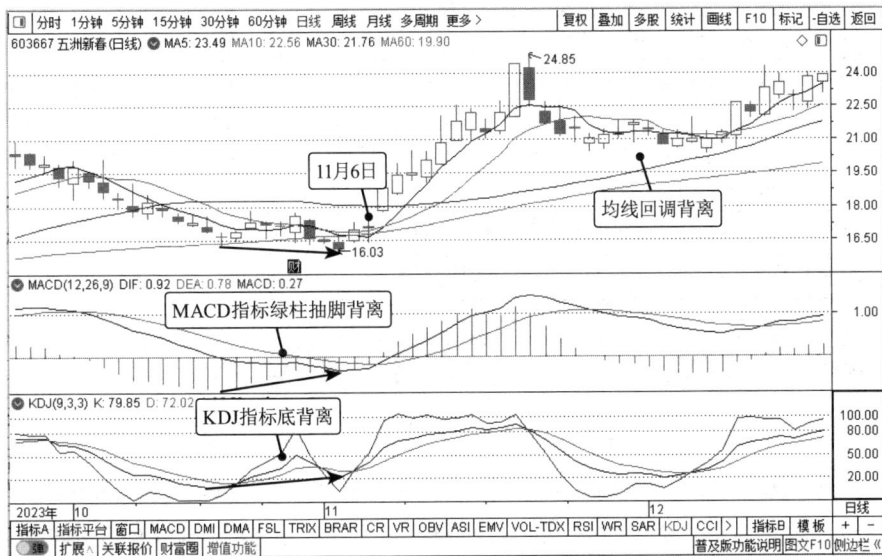

图 4-4　五洲新春 2023 年 9 月到 12 月的 K 线图

此时来观察 MACD 指标和 KDJ 指标，可以发现 MACD 柱状线在股价低点下移的过程中出现了绿柱抽脚的背离，KDJ 指标线则是低点上扬，与股价形成了底背离形态。

两大指标皆与股价存在背离，并且都是在同一时期形成的，因此可以算是一种背离共振，股价很快回归上涨的可能性很大，投资者可以借此机会低位再度买进或加仓。

股价在小幅跌破 60 日均线后立即收阳回升，就在收阳的第二个交易日，盘中出现了明显的筑底形态，进一步证实了买进信号的可靠性。

图 4-5 为五洲新春 2023 年 11 月 6 日的分时图。

11 月 6 日正是股价回归上涨的第二个交易日，从其分时图中可以看到该股在开盘后先是出现了小幅上涨，但数十分钟后就被压制下跌，一路快速落到了 16.35 元价位线上。此后股价线被快速拉起，期间尽管存在许多次一级震荡，但从整体来看 V 形底筑底形态还是十分明显的。

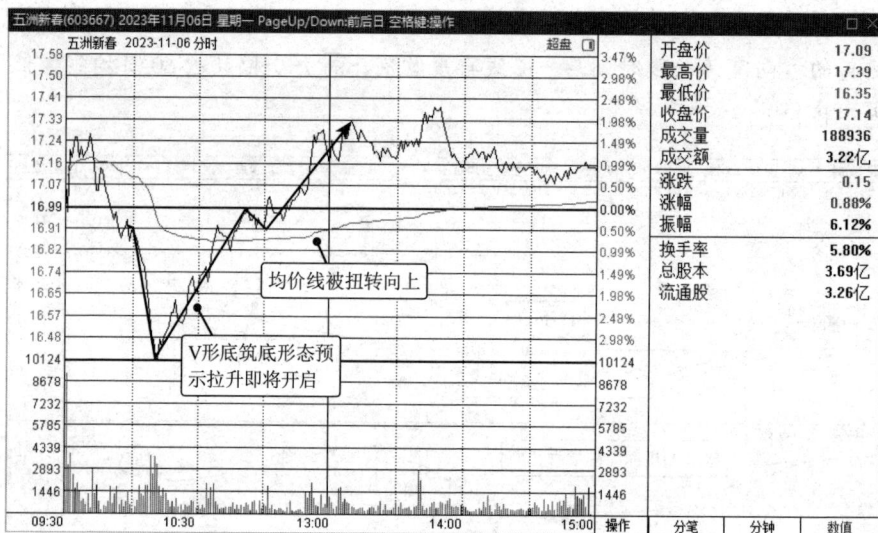

图 4-5　五洲新春 2023 年 11 月 6 日的分时图

这时的 K 线图中股价依旧处于 30 日均线下方，但就在次日，该股收出长阳线跳跃向上，成功突破到了均线组合之上。MACD 指标和 KDJ 指标也给出了相应的积极信号，拉升已然开启。

4.2　下降熊股背离抄底

在下跌行情中操作并不是一件容易的事儿，熊市中获利的机会很少，一旦操作不当还可能被深套。

很多投资者只是为了降低前期被套的损失才会介入其中抢反弹，还有一些投资者则是风险承受能力较强，愿意主动参与到熊股中，以期能够在行情反转前实现抄底。

无论是出于何种目的，熊市中的反弹确实是有获利机会的，操作得好的投资者获得的收益甚至还比较丰厚，但操作也应谨慎。

本节以道森股份（603800）的一段熊市行情为例，向投资者展示熊市中利用背离技术抢反弹的技巧。

4.2.1　高位拉升注意仓位管理

行情在由盛转衰的过程中，成交量很可能会在高位给出一些警示信号，比如量缩价涨的背离等。如果股价还出现了二次拉升不破前期高点的走势，就是一个很好的判别下跌行情是否开启的标志。

在确定下跌趋势可能即将形成或已经形成之后，投资者就要根据自身情况决定是立即撤离还是通过抢反弹来获利了。

下面就来看一下道森股份涨跌行情转变的过程中存在的背离情形。

实例分析　**高位再度拉升买入点**

图 4-6 为道森股份 2022 年 7 月到 10 月的 K 线图。

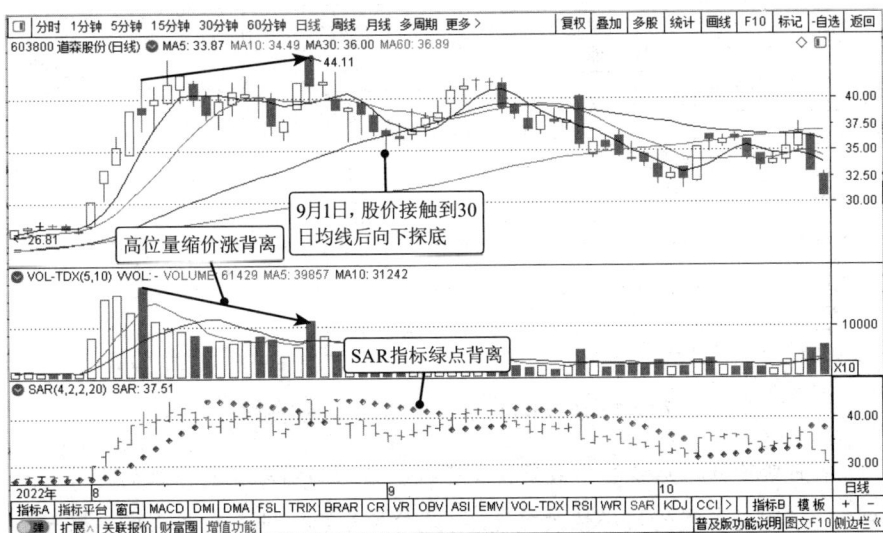

图 4-6　道森股份 2022 年 7 月到 10 月的 K 线图

在 2022 年 8 月上旬，股价上涨的速度还是比较快的，成交量也在此期间形成了放量支撑。不过股价在向上接近 45.00 元价位线时受到阻碍，开始小幅回落，直到 8 月下旬才再度上升。

这一次股价超越了前期高点，创出了 44.11 元的近期新高。但观察成交量可以发现，在股价二次上涨并创新高的过程中，成交量的放量程度远不及前期，因此与股价形成了量缩价涨的高位背离。

这种背离往往是市场注资力度不足的表现，成交量若不能在后市积极放量并对股价形成推动，后市是有可能转入深度回调或下跌之中的。而股价创出新高当日收出的是一根大阴线，更加证实了这一猜测，投资者要注意及时避开下跌。

后续股价持续下行，一路跌到 30 日均线附近才暂时止跌，并于 9 月 1 日形成了分时筑底形态，下面来看当日的分时走势。

图 4-7 为道森股份 2022 年 9 月 1 日的分时图。

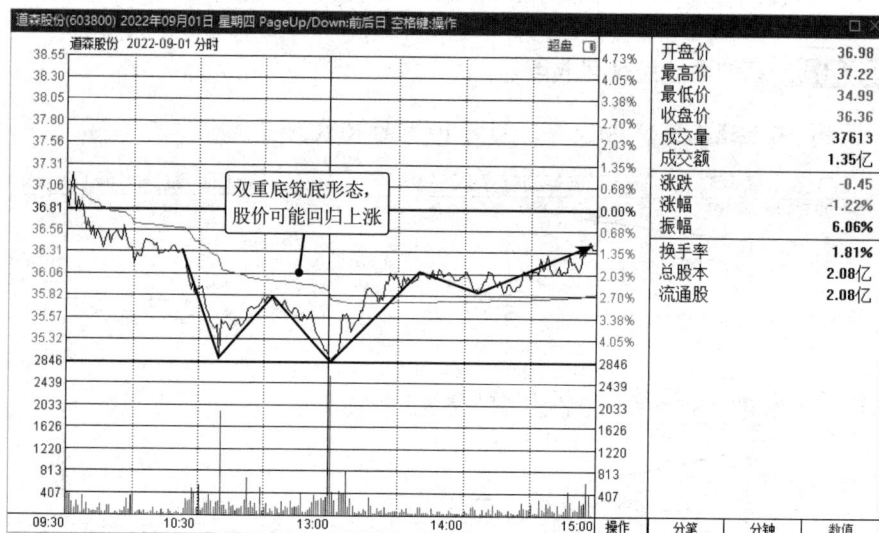

图 4-7　道森股份 2022 年 9 月 1 日的分时图

当日股价开盘后就在持续震荡中下跌，看似与前期收阴下跌的走势并无不同。不过就在股价线小幅跌破 35.32 元价位线后，场内突然出现一根大量柱迅速将其上推，一直上涨到 35.82 元价位线附近。

不过此次反弹没能维持太久，股价很快又继续下跌。这一次跌到与前期低点相近的位置时再次被大量能拉起，随后持续震荡上升到了均价线之上，并在后续带动其完成了扭转。

这时一个双重底分时筑底形态已然清晰，结合外部 K 线图中股价落到 60 日均线上的走势来看，该股很可能会再度形成一波拉升。

回归 K 线图中观察，股价确实出现了一波连续的上涨，同时 SAR 指标中也出现了绿点背离，显示出这一波上涨有利可图。但由于缺乏成交量的支撑，股价只是小幅越过 40.00 元价位线就滞涨下跌了，远远达不到突破前期高点的水平。

结合多方信息来看，该股就此进入下跌行情的可能性还是比较大的。那么无论是在上涨行情中持股的投资者还是在这一次反弹前夕买进的投资者，都需要尽快将手中筹码散出，把前期收益落袋为安。

4.2.2 下跌反弹期间的背离买进

与上涨行情中的深度回调一样，股价在下跌行情中也有可能形成与大趋势方向相反的强势背离。如果投资者已经被深套，希望降低损失，或是正在等待反弹机会以期获利，就可以借助技术指标或是其他技术分析对象形成的背离形态来判断合适的买点，但要注意仓位管理。

下面就来看一下道森股份在此次下跌行情中形成的一次强势反弹。

实例分析 超跌反弹可跟进抢涨幅

图 4-8 为道森股份 2022 年 12 月到 2023 年 2 月的 K 线图。

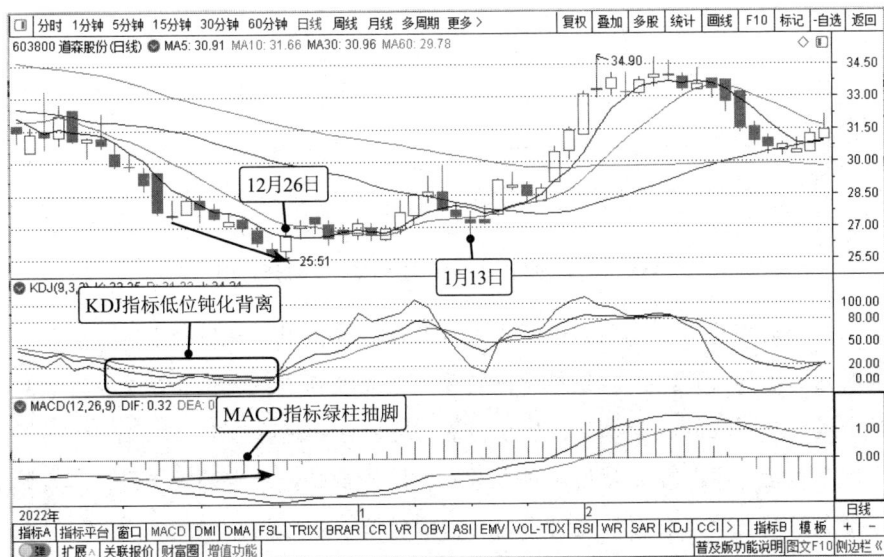

图 4-8 道森股份 2022 年 12 月到 2023 年 2 月的 K 线图

根据图 4-8 中的信息可知，道森股份在 2022 年 12 月下旬已经跌到了
25.50 元价位线附近，跌幅相较于前期还是比较大的。

由于股价到后期下跌的稳定性较强，KDJ 指标很快便落到超卖区内并形
成低位钝化走势。这是市场短时间内跌势持续，但不久之后可能会产生超跌
反弹的迹象。

除此之外，MACD 指标也在同一时期出现了绿柱抽脚的背离，双指标
背离共振释放出反弹在即的信号，有意向参与抢反弹的投资者可以开始准备
资金了。

12 月 26 日，股价在创出 25.51 元的近期新低后开始收阳上升，盘中也
出现背离量价走势，下面来观察当日的分时走势。

图 4-9 为道森股份 2022 年 12 月 26 日的分时图。

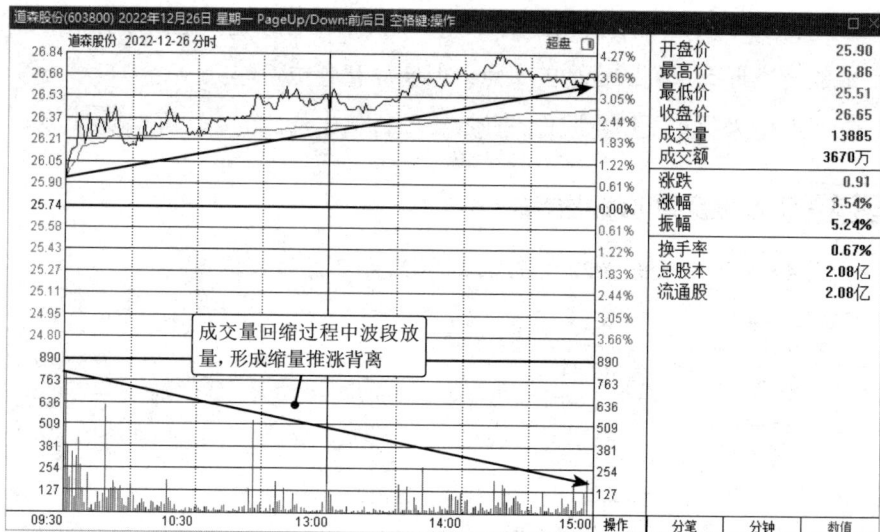

图 4-9　道森股份 2022 年 12 月 26 日的分时图

从分时图中可以看到，该股在当日开盘后就出现了积极的上涨，股价线
长时间位于均价线之上。但在股价震荡上升的过程中，成交量只是在开盘后
形成过比较明显的放量推涨，后续的量能没能再超越这一次。

不过盘中也偶尔出现过单根大量柱，维持着股价的震荡式上扬，二者结
合形成了缩量推涨背离。这种形态在前面的章节中已经介绍过不少了，往往
是市场看涨的表现。再加上 K 线图中已经存在的 KDJ 指标和 MACD 指标的

超跌反弹信号，股价很可能就此进入强势反弹，激进型投资者可以趁机买进。

回到 K 线图中观察后续的走势，股价小幅回升到 27.00 元价位线附近横向震荡，一直到 2023 年 1 月才继续向上接近 30 日均线，不过也没能在第一时间突破。1 月 13 日，股价受 30 日均线压制回落到低位，盘中却形成了筑底形态，下面来看一下当日的分时走势，如图 4-10 所示。

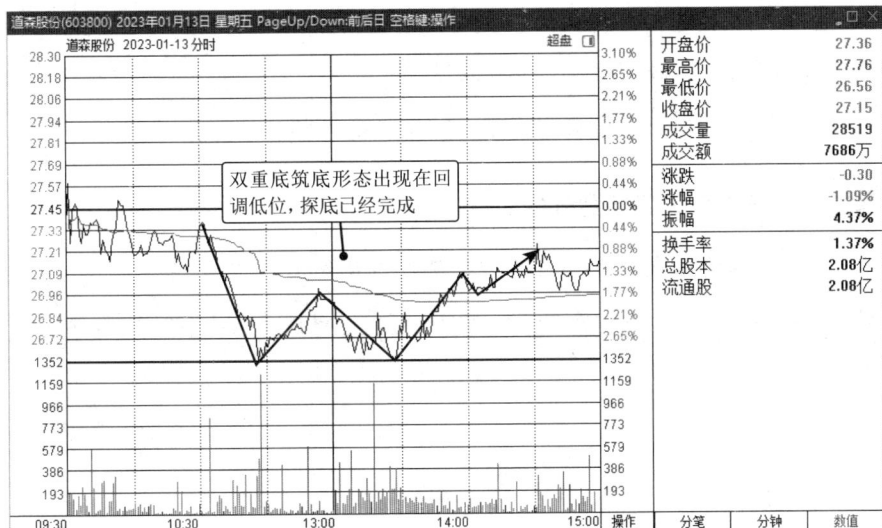

图 4-10 道森股份 2023 年 1 月 13 日的分时图

从 1 月 13 日的分时走势中可以看到，该股在当日开盘后的走势更偏向于震荡，股价线多次与均价线产生交叉，不过还是能看出股价整体在下降。

10:30 之后，股价线突然在场内卖盘的压制下快速下跌，一直落到 26.56 元价位线附近才有止跌回升的迹象。不过后续股价线也没能上涨到更高的位置，均价线处的压制力迫使股价线再度下行，低点落到与前期相近的位置后再次回升。

但是这一次股价线成功向上突破了均价线，并最终带动其向上扭转，构筑出了一个明显的双重底筑底形态。结合 K 线图中的行情位置来看，股价有可能就此止住回调跌势，并很快开始准备突破 30 日均线。

事实确实如此，股价在 1 月 13 日之后很快出现了大幅的收阳拉升，成功突破了 30 日均线。数日之后，60 日均线也被继续拉涨的股价突破了，反弹即将到来。不过由于下跌行情中的反弹持续时间一般不长，如果投资者还未买进，就要考虑获利空间的问题了。

4.2.3 强势反弹前夕的探底

在收入一波反弹收益后，对该股一直抱有兴趣的投资者还可以继续关注后市走势。不过随着股价下跌幅度的增大，市场中愿意参与投资的买方也在减少，导致股价反弹难度进一步加大，投资者能够借助反弹获利的可能性也在降低，因此更要注意买进风险。

下面继续来看一下道森股份下一波反弹的走势。

实例分析 **内外部走势结合分析**

图 4-11 为道森股份 2023 年 5 月到 7 月的 K 线图。

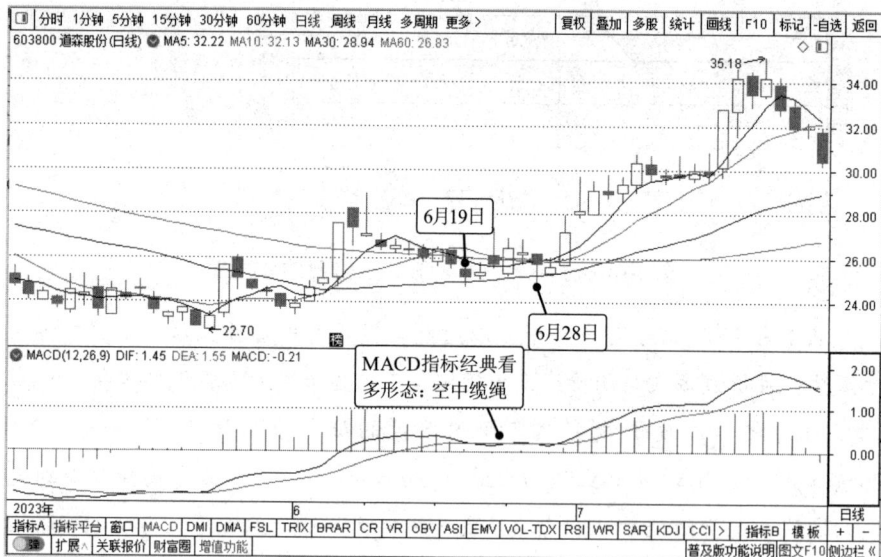

图 4-11 道森股份 2023 年 5 月到 7 月的 K 线图

2023 年 5 月底，股价已经在中长期均线的压制下来到了 24.00 元价位线下方。在此创出 22.70 元的阶段新低后，股价开始有了收阳回升的迹象。

短短半个月后，股价就成功突破到了 60 日均线上方，但后续却沿着依旧下行的中长期均线的运行轨迹回调震荡，看似有转入下跌的迹象，但投资者不必急于介入，以免被套。

　　6 月 19 日，股价小幅跌破 60 日均线后向下靠近 30 日均线，但当日却出现了筑底回升迹象，下面来看分时走势。

　　图 4-12 为道森股份 2023 年 6 月 19 日的分时图。

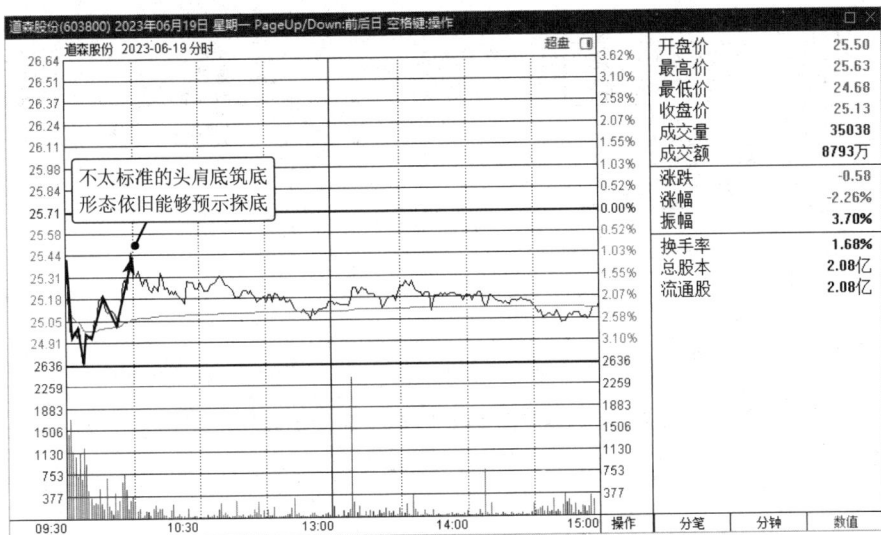

图 4-12　道森股份 2023 年 6 月 19 日的分时图

　　从图 4-12 中可以看到，该股开盘后迅速下跌，在经历一系列震荡后落到 24.68 元附近，又很快在成交量的放量支撑下被拉起，在短短数十分钟内形成了一个不太标准的头肩底筑底形态（左右两肩不太明显），但该形态与后续股价长期位于均价线之上的走势结合，依旧能证明股价可能会在此止跌。

　　此后股价确实在 30 日均线之上横盘震荡，直到 6 月 28 日再度形成一次筑底，如图 4-13 所示。

　　股价在 6 月 28 日开盘后很快向下滑落，跌出 24.78 元的低价后长期位于低位横盘震荡，在 11:00 之后才被拉起，并于下午时段开盘后突破了均价线的压制。这显然是一个震荡底，结合 K 线图中 K 线不断接近中长期均线的表现来看，突破的时刻不远了。

　　果然，股价在两日之后就成功上涨彻底越过中长期均线的压制，进入了一波强势反弹之中，这时才是投资者的买进时机。

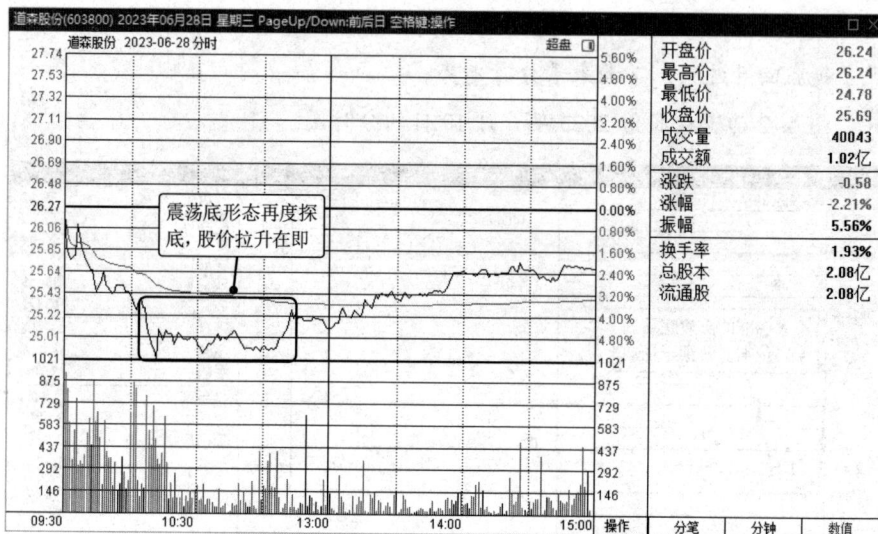

图 4-13　道森股份 2023 年 6 月 28 日的分时图

第 5 章

现价背离指标速逃顶

　　K线与技术指标结合形成的背离形态出现在行情或阶段低位时，释放出的基本上都是反转上升的信号，那么当其形成于行情或阶段高位，就会反而产生下跌警示信号，这些信号可以帮助投资者迅速逃顶。

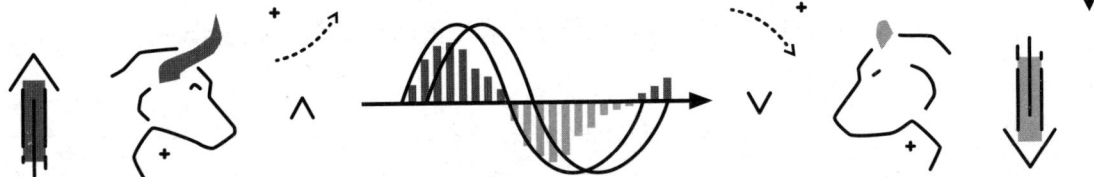

5.1 趋势性指标背离卖出

常用的趋势性指标如移动平均线、布林指标、SAR 指标等的构成要素和基础用法已经在第 3 章中详细介绍过了，不过对于具体的逃顶实战用法，投资者可能还不太清楚。那么本章就直接针对这些指标与 K 线结合形成的高位背离形态进行解析，帮助投资者作出逃顶决策。

5.1.1 下行趋势回升背离

当整体行情转向下跌，股价短时间内跌速过快并与中长期均线产生较大偏离时，就有可能形成反弹，进而与依旧下行的中长期均线形成背离。如果中长期均线处的压制作用比较明显，股价就会在短暂接触或是小幅突破中长期均线后继续下跌，如图 5-1 所示。

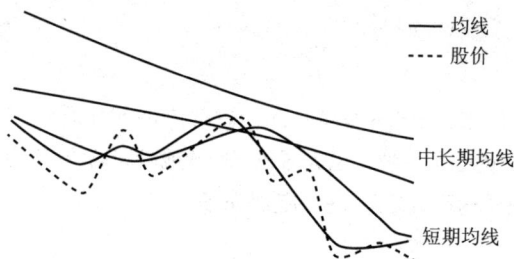

图 5-1　下行趋势回升背离示意图

这种 K 线形成反弹，与短期均线小幅背离中长期均线的走势被称为均线的主动修复。简单来说就是股价短时间内与中长期均线之间的乖离过大时，市场会产生一种推动力使二者靠近，放在下跌行情中就是股价向上反弹靠近中长期均线。

但由于将下跌行情扭转为上涨所需的量能极大，所以在市场缺乏足够看涨动力时，股价往往还是会被中长期均线限制住。而股价和短期均线结束背离继续下行时，均线呈现出的就是服从特性，即 K 线服从短期均线走势，短期均线服从中长期均线走势。

因此，投资者确实是可以借助下跌过程中的回升背离来买进抢反弹，

但在发现股价和短期均线大概率会服从中长期均线的走势转而下跌时，就
要及时在高位撤离。

下面通过一个案例来分析。

实例分析 大理药业（603963）下行趋势回升背离解析

图 5-2 为大理药业 2022 年 12 月到 2023 年 4 月的 K 线图。

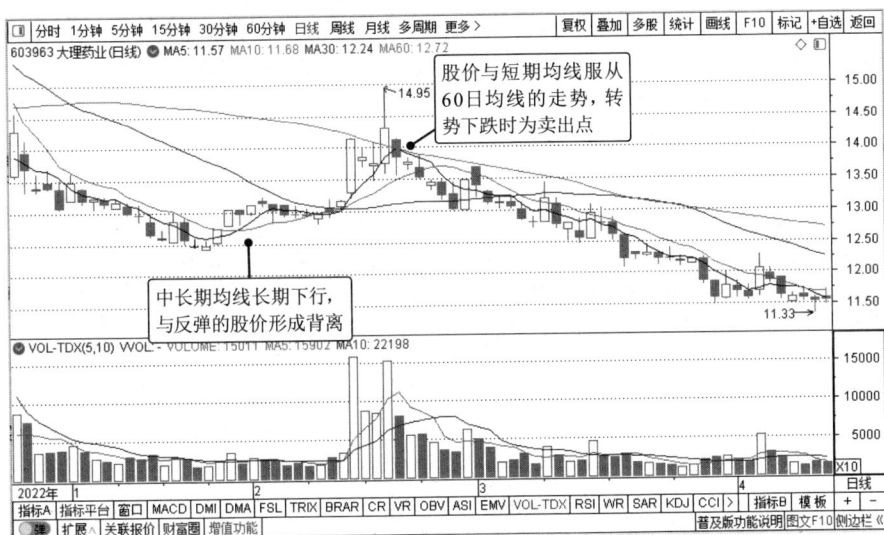

图 5-2　大理药业 2022 年 12 月到 2023 年 4 月的 K 线图

首先观察大理药业的大趋势走向，不难看出股价在前期已经经历过一段
时间的下跌，这样才会带动中长期均线彻底转势向下。

2023 年 1 月，股价下跌速度比较快，与中长期均线之间的距离拉得比较
大，尤其是与 60 日均线之间。此时根据均线的修复特性，股价很有可能会
在后续形成一波反弹靠近中长期均线。

这一推测在 1 月下旬得到了证实，股价在接触到 12.50 元价位线后就开
始转势上涨，与中长期均线的下行走势形成了背离。

在带动两条短期均线向上扭转后，股价受到 30 日均线的压制而横向整
理，不过很快便在 2 月上旬得到成交量的放量支撑而大幅拉升，成功突破到
了 30 日均线之上。但这种程度的上涨还不足以让 60 日均线产生太大的变化，

二者之间的背离依旧存在。

数日之后，股价成功收出一根大阳线突破了 60 日均线，但当日盘中出现的冲高回落走势却说明上涨的困难。再加上下方成交量放量程度有所减缓，股价有可能受到均线的服从特性压制而转势下跌，谨慎型投资者此时就应当出局观望了。

次日 K 线收阴，再往后则是不断的震荡下跌，很快便彻底回落到 60 日均线之下，形成了对中长期均线的服从，二者的背离自然也结束了。此时的卖出信号已经十分明显，还未离场的投资者要抓住时机止损。

5.1.2　均线扭转下行背离

均线的扭转下行背离指的是在上涨行情的高位，股价下跌靠近中长期均线时没有遵从服从原则止跌回升，反而一路跌破中长期均线并带动其扭转向下的背离走势，如图 5-3 所示。

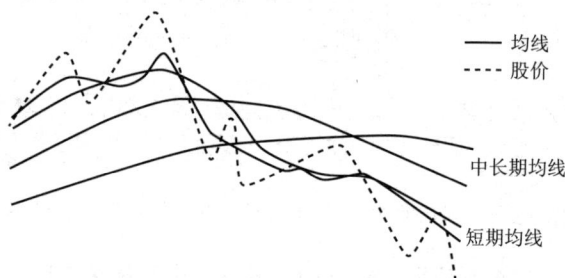

图 5-3　均线扭转下行背离示意图

在上涨行情中，股价与中长期均线的背离一旦形成，往往意味着短时间的回调或是长时间的转折，对于谨慎型投资者来说都可以视作卖出信号，只是信号强度会根据实际情况而有所增减。若是连中长期均线都被跌破并扭转，背离彻底结束时，投资者就更不能继续停留在场内了。

下面通过一个案例来具体分析。

实例分析 惠程科技（002168）均线扭转下行背离解析

图 5-4 为惠程科技 2023 年 5 月到 8 月的 K 线图。

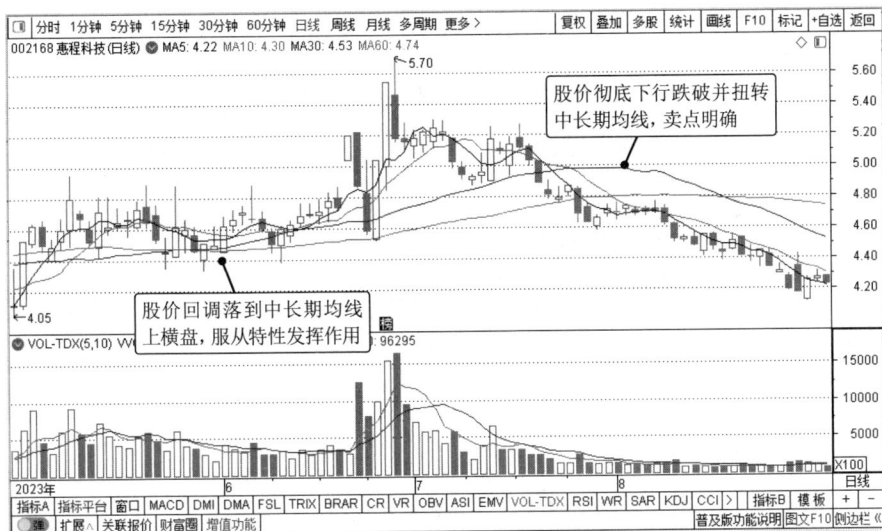

图 5-4　惠程科技 2023 年 5 月到 8 月的 K 线图

惠程科技的股价在 2023 年 5 月的走势不算积极，在 4.80 元价位线处受到阻碍后就进入了回调震荡之中。

不过好在中长期均线的支撑力足够，均线的服从特性充分发挥，股价和短期均线大部分时候都位于其上方运行。因此就算股价回调与之产生了背离，投资者也可以继续持有。

6 月上旬，股价开始上涨远离中长期均线，在经过一系列震荡后来到了 5.60 元价位线上方。不过就在创新高的当日，股价冲高回落并收出阴线，后续逐步下跌靠近中长期均线，形成背离。

这一次的背离释放出的卖出信号比起前期明显更加强烈，场中卖盘数量大大增加，这一点从下方成交量的表现也可以看出，因此谨慎型投资者已经可以在此跟随卖出了。

7 月下旬，股价在落到 30 日均线上方反复震荡一段时间后，最终还是将其彻底跌破，后续数日更是接连收阴，将 60 日均线也跌破了。

经过回抽确认上方压力后，股价于 8 月上旬彻底转入下跌行情之中。此时的 30 日均线已经被扭转向下，60 日均线虽然只是走平，但最终的结果已经注定，投资者若还不及时卖出，损失可能会比较大。

5.1.3　频繁小幅背离：下山滑坡

下山滑坡指的是在下跌行情中，中长期均线长期下行并压制在 K 线与短期均线之上形成的滑坡式下跌，如图 5-5 所示。

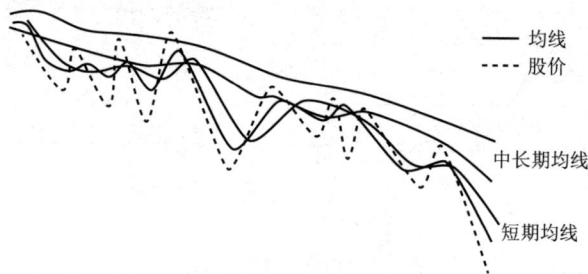

图 5-5　下山滑坡示意图

如果中长期均线下行的角度十分稳定，K 线与短期均线的波动又十分具有规律性，浪形明显，那么下山滑坡形态就会进化成为乌云盖顶，这是一种看跌信号更加强烈的背离。

不难看出，无论是下山滑坡还是乌云盖顶，都充分反映出均线的服从特性，股价和短期均线长期反弹试探中长期均线，但都被挡了回来，最终服从其下跌趋势长期运行。

因此，下山滑坡形态对于大部分投资者来说都是明确的看跌信号，不过不同的投资者可以有不同的应对策略。

中长线投资者在发现该形态后应当迅速撤离，并留在场外观望。如果是风险承受能力和技术分析能力较强的短线投资者，也可以尝试着在股价反弹与中长期均线产生背离的同时买进，然后在中长期均线发挥压制力的位置卖出，实现分段获利。

这种投资方式最大的好处就在于投资者有可能在股价彻底反转时提前于市场买进，实现超低成本建仓。不过投资者面临的风险是比较大的，而且花费的精力较多，如非必要不建议这样操作，大部分投资者只需将其看作持续看跌信号即可。

下面通过一个案例来分析。

实例分析 慈文传媒（002343）下山滑坡解析

图 5-6 为慈文传媒 2023 年 6 月到 11 月的 K 线图。

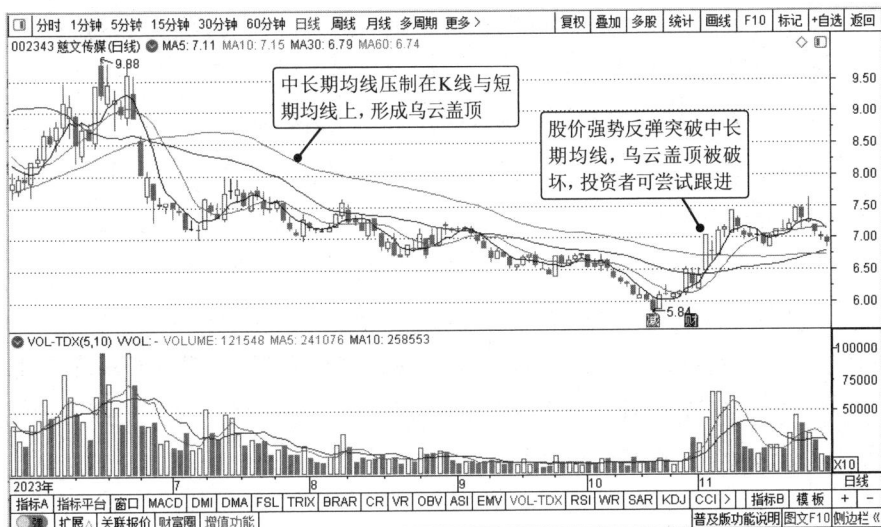

图 5-6 慈文传媒 2023 年 6 月到 11 月的 K 线图

慈文传媒的下跌转折点出现在 2023 年 6 月底，在此之前股价还在积极上涨，成交量也有持续的放量支撑，说明市场积极性还是比较高的，期间有大量买盘参与其中。

不过 6 月底出现的一根突兀向下跳空的大阴线打破了这一走势，股价直接跌到了整个均线组合之下，并在后续持续下行，很快便带动均线组合完成了向下的扭转。

这里的高位背离出现得比较突然，因此很多投资者都被套场内，需要寻找合适的反弹高位卖出。不过由于股价下跌速度实在太快，给市场造成了一定的冲击，所以 7 月上旬形成的一次反弹并未上涨得太高，股价都没接触到中长期均线就继续下跌了。

不过这也证明了下跌行情的来临，果断一些的投资者就此止损出局，还有机会保住前期上涨期间获得的收益。惜售型的投资者如果希望借助后市的多次反弹来减少损失，就需要多关注 K 线与中长期均线之间的背离形态了。

8 月初，该股进行了又一次反弹，但反弹高度依旧不尽如人意。并且由于中长期均线的下跌趋势已经彻底稳固，下山滑坡的形态也有了雏形。这是股价将长期处于下跌状态的看跌信号，警示投资者不要再停留。

下山滑坡形态一直持续到了 10 月，期间股价下跌的速度越来越恒定，成交量缩减得也越来越小，市场逐渐冷淡了下来。

10 月中旬，股价落到 6.00 元价位线下方不远处止跌并回升，有形成再度反弹的迹象。数日之后，K 线收阳向上靠近中长期均线，背离形态帮助又一批投资者建仓买进。

不过此次的反弹有些不同，K 线在接触到 30 日均线后并未很快产生下跌，反而在短暂整理后再度拉升向上，成功以一根长阳线突破了两条中长期均线。与此同时，成交量也放出巨量推动，这与前期的弱势反弹截然不同。

显然，这可能是股价即将转入强势反弹或是上涨行情的表现，投资者完全可以借此做多，挽回一些损失。

5.1.4　单根 K 线背离：断头铡刀

断头铡刀是由一根长实体阴线一次性向下跌破整个均线组合，带动均线组合由黏合转为空头发散的形态，如图 5-7 所示。

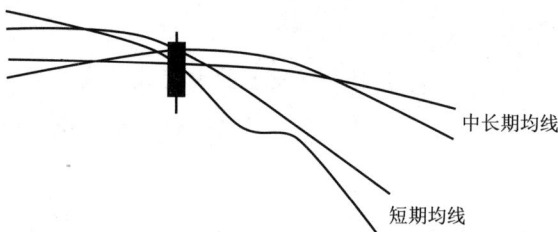

图 5-7　断头铡刀示意图

要形成这种形态，股价一般是在前期经历上涨后于高位受阻横盘，并且横盘期间的震荡幅度不大。此时形成的大幅下跌阴线就与之形成了背离，跌破关键价位线的同时也自上而下穿越整个均线组合，代表着变盘即将来临。

如果阴线实体足够长，当日的分时图中就有可能形成一些特殊的看跌形态。投资者若能及时发现并揣摩出其中的含义，就有机会在股价跌幅扩大之前离场，完成逃顶。

下面通过一个案例来分析。

实例分析 凯撒文化（002425）断头铡刀解析

图 5-8 为凯撒文化 2023 年 10 月到 2024 年 2 月的 K 线图。

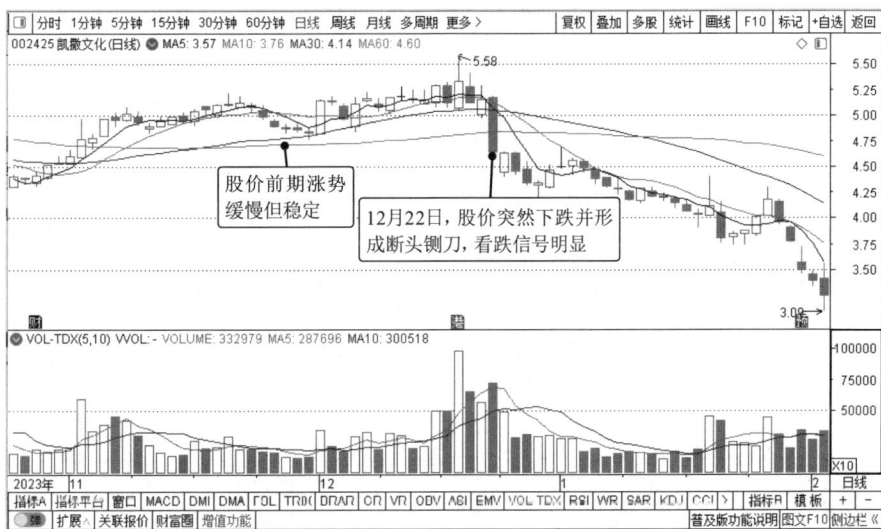

图 5-8　凯撒文化 2023 年 10 月到 2024 年 2 月的 K 线图

先来看凯撒文化的前期走势，根据中长期均线的表现，股价在 2023 年 11 月之前还是有过下跌的，导致中长期均线压制在 K 线上方。不过在 10 月底股价就转势上涨了，后续更是突破到压力线上方长期上行，虽然涨速不快，但稳定性较好。

12 月上旬，股价已经上涨到了 5.25 元价位线附近，但始终无法实现有效突破。12 月中旬，成交量突然急剧放量推动股价迅速上冲，当日最高点甚至越过了 5.50 元价位线，不过价格在盘中冲高回落，收盘后依旧受制于 5.25 元压力线。

这样的走势加上成交量的突兀放量，与主力高位推涨出货的表现十分类似，结合之前股价的涨跌趋势变化来看，有可能是主力借强势反弹赚取一波收益导致的，后市并不看好。

不过由于股价尚未跌破中长期均线的支撑，惜售型投资者可以不必急于卖出。谨慎型投资者为保住前期收益，也可以先行止盈离场。

数日之后，股价收出一根长阴线直接跌破了整个均线组合，形成一个十分标准的断头铡刀形态。与此同时成交量也有小幅放量，更加证实了主力借高卖出的推测。

下面就进入当日的分时走势中观察，看主力到底是如何操作的。

图 5-9 为凯撒文化 2023 年 12 月 22 日的分时图。

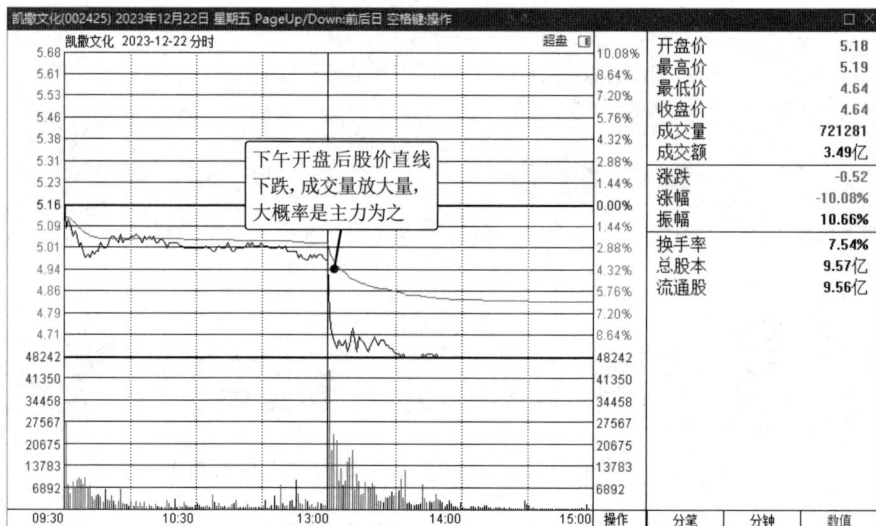

图 5-9　凯撒文化 2023 年 12 月 22 日的分时图

在早间交易时，股价线长期位于均价线下方运行。但除了开盘后出现过的快速下跌之外，股价线几乎一直处于横向震荡中，看似与 K 线图中横盘的走势并无不同。

不过在下午时段开盘后投资者就能看出不同了，成交量在开盘后第一分钟就放出一根大量柱将股价直线下拉，后续量能也在活跃压价，股价在震荡中不断向着跌停板运行，最终在 13:30 后不久跌停，收出大阴线。

这种午盘后剧烈转折、成交量放量压价的走势是典型的主力出货表现。

结合 K 线图中前期分析出的信息来看，在此次断头铡刀形成之后，股价将回
到长期的下跌之中，投资者最好尽快撤离，保住资金。

5.1.5　布林中轨线顶部背离

布林中轨线顶部背离就是股价在上涨到高位后回调破位布林中轨线，
最终导致布林中轨线也跟随向下扭转的背离形态，如图 5-10 所示。

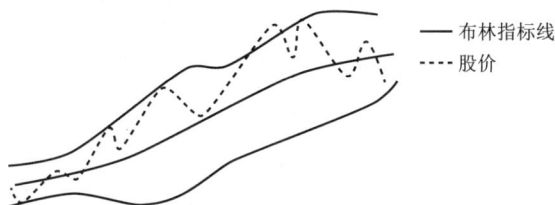

图 5-10　布林中轨线顶部背离示意图

这种背离形态与均线的扭转背离在本质上来看是一样的，不过投资者
还是可以根据布林指标的特殊形态得出其他的有用信息，比如布林通道收
口、布林三线转势下行、布林下通道对股价的限制等。

布林三线转势下行及布林下通道限制股价运行的形态还是比较好理解
的，前者指股价下跌后带动三线几乎平行向下转折的走势，意味着当前跌
势持续，短期回升难度较大；后者则指股价在跌破布林中轨线后长期位于
布林中轨线与布林下轨线之间的通道中震荡，低点持续下移，短期看跌的
走势。

而布林通道的收口则是该指标的特有形态之一，指的是股价在震荡之
后进入横盘阶段，布林通道收敛到 K 线附近，形成类似喇叭收口的形态。
如果股价是由震荡上涨转为高位横盘，那么布林通道就会逐渐向上收口，
三线也会跟随走平，变盘随时都可能来临。

这三种布林指标形态有可能在股价涨跌趋势转变的过程中接连出现，
再结合股价对布林中轨线的扭转，投资者不宜再停留。

下面通过一个具体案例来分析。

实例分析 科锐国际（300662）布林中轨线顶部背离解析

图5-11为科锐国际2022年11月到2023年5月的K线图。

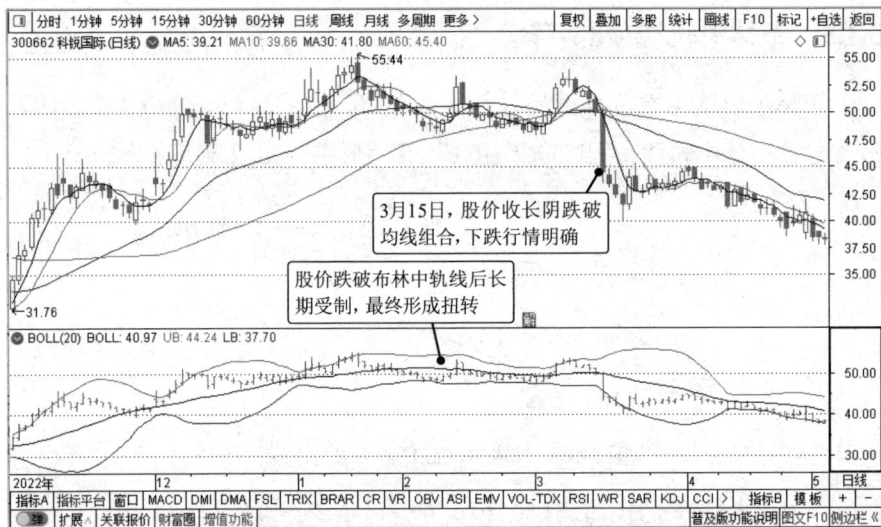

图5-11　科锐国际2022年11月到2023年5月的K线图

科锐国际的股价在2022年11月到12月的走势还是非常强势的，中长期均线承托在K线和短期均线之下，呈现出上山爬坡的形态。在此期间，布林指标也跟随股价的涨跌而不断缩放，构筑出上升葫芦串形态。这是一种典型的看涨形态，投资者可以借此做多。

不过股价在小幅越过55.00元价位线后，形成的回调幅度就比较大了。在K线界面中，股价连续收阴跌破30日均线并使其走平；在副图指标窗口中，股价也跌破了布林中轨线，并很快带动其走平甚至向下扭转。

这样的扭转背离意味着在短时间内市场有大批出货，不排除有主力参与的可能，投资者要注意高位止盈了。

2月初，股价落到60日均线上止跌并回升，但只是小幅突破30日均线后就再度下跌了，高点明显低于前期。与此同时，布林中轨线也已经彻底被扭转向下，布林通道明显收口，三线有走平并下行的趋势。

如此多警示信息同步出现，说明股价大概率将进入深度回调甚至下跌行情之中，那么投资者就需要在股价跌幅尚浅时迅速卖出，以免高位被套。

3 月初，股价踩在 60 日均线上进行了又一次反弹，涨幅虽有所提升，但高点依旧没能突破前期。而且此次见顶后股价的跌速更快了，甚至在 3 月 15 日收出了长阴线直接跌破整个均线组合，直接确定了下跌的到来。

下面来看当日的分时走势。

图 5-12 为科锐国际 2023 年 3 月 15 日的分时图。

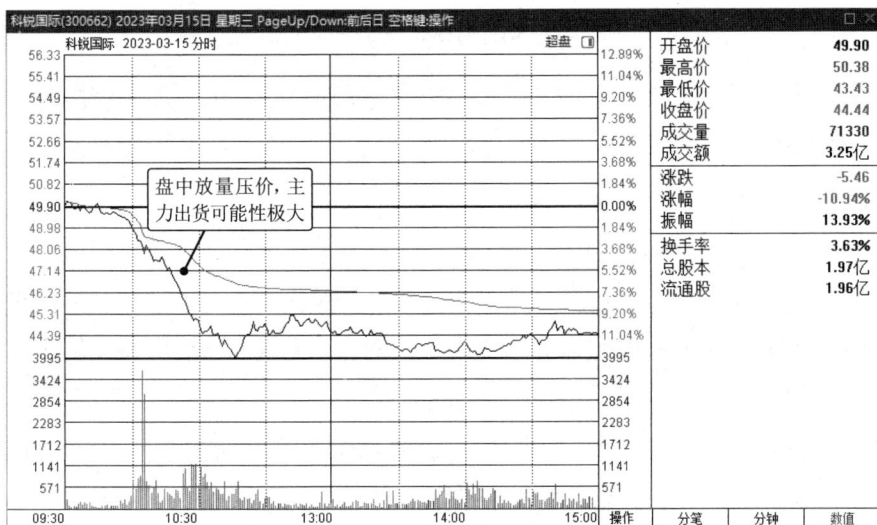

图 5-12　科锐国际 2023 年 3 月 15 日的分时图

股价在开盘后先是缓慢震荡下行，数十分钟后逐步加快下跌速度。10:00 之后成交量接连放量压价形成背离，导致股价迅速斜线下坠，一路跌到最低 43.43 元才被拉起。但后续股价线也没能回升到均价线之上，而是在低位反复震荡，最终以 10.94% 的跌幅收出大阴线。

显然，盘中放量压价进一步证实了主力出货的推测。在 K 线图中的副图指标窗口内，股价的加速下跌也导致布林指标向下开口，看跌信号十分强烈，还未离场的投资者要抓紧时间。

5.1.6　SAR 指标红点背离

SAR 指标红点背离指的是在 SAR 指标承托在 K 线下方走红并持续向上移动时，K 线反而转势下跌向红点靠近，二者形成短暂背离的走势，如图 5-13 所示。

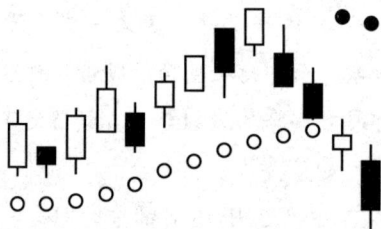

图 5-13　SAR 指标红点背离示意图

在第 3 章中已经介绍过了 SAR 指标红绿翻转的原理，那么这里的背离就是由于股价短时间内涨幅过大，与 SAR 指标红点拉开太多距离，导致 K 线无法在下跌后立即跌破红点并使其翻转。

这种背离后跌破的形态一般形成于深度回调的前夕、上涨行情反转的位置及强势反弹的顶部。在这些位置，成交量及均线等指标往往会形成可靠的见顶信号，有些时候在分时图中，投资者也能找到股价即将反转下跌的证明。

如果投资者发现了其他看跌形态，并结合 K 线与 SAR 红点的背离形态分析出了翻转信号，就需要早做准备，必要时提前出局。

下面就通过一个案例来分析。

实例分析 **景嘉微（300474）SAR 指标红点背离解析**

图 5-14 为景嘉微 2023 年 1 月到 7 月的 K 线图。

景嘉微的股价在上涨行情中表现得十分强势，在 3 月底还出现了连续大阳拉涨，迅速向上远离中长期均线和 SAR 指标红点。这种短时间内的暴涨无法维持太长时间，修复将很快来临，投资者要注意把握卖出时机。

从 4 月 4 日开始，股价就出现了明显的下跌。前三个交易日还能维持着震荡，但第四个交易日就明显加快了跌速，股价向中长期均线修复的意图明显。除此之外，SAR 指标中也出现了红点背离，说明股价可能即将迎来一波深度回调甚至下跌行情。

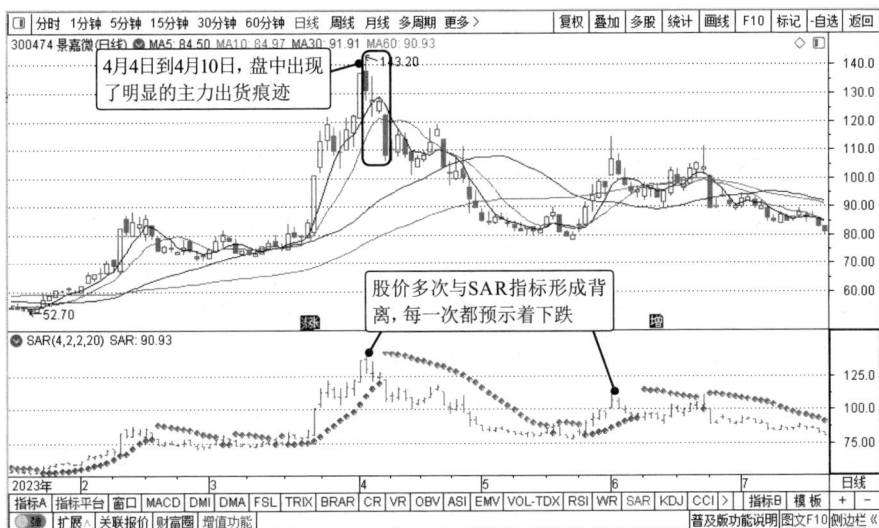

图 5-14 景嘉微 2023 年 1 月到 7 月的 K 线图

如果投资者凭借这些信息还无法确定是否应该及时卖出，就需要进入分时图中进一步观察。

下面来看一下股价见顶后转势下跌的前四个交易日内的表现。

图 5-15 为景嘉微 2023 年 4 月 4 日到 4 月 10 日的分时图。

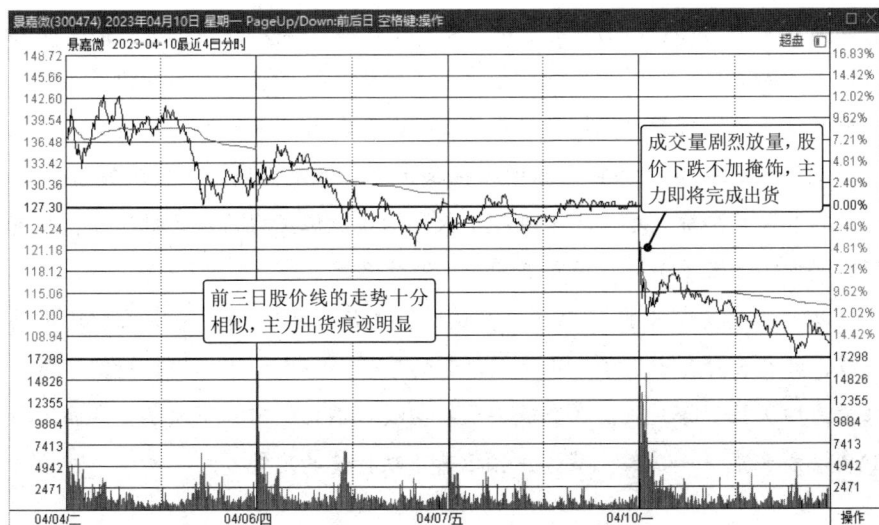

图 5-15 景嘉微 2023 年 4 月 4 日到 4 月 10 日的分时图

先来看股价跌幅不大的 4 月 4 日到 4 月 7 日。投资者不难发现，股价线在这几天内的走势十分相似，都是在开盘后小幅震荡，数十分钟后大幅上涨越过均价线，但不久后在某一位置受阻，随后二次上冲失败拐头向下跌破均价线，落到某一支撑线上被推涨上行，最终以稍低的价格收盘。

除了股价线走势相似之外，这几个交易日内的成交量表现也十分同步，值得考量。开盘放出巨量后回缩；股价第一次大幅上涨的位置适当放量；二次冲击压力位时再放量，但放量幅度缩减；股价跌到低位被拉起时再明显放量；临近收盘时小幅放量，这些都能对应上。

在行情高位出现这种股价线与成交量连续三日复刻的走势，基本上可以肯定是主力造成的。一是因为自然交易情况下几乎不可能连续三日出现如此同步的走势；二是因为这种冲高回落得到支撑，最终小幅上涨收盘的走势是主力最常采用的出货手段之一。

主力会在开盘先卖一批，盘中通过推涨冲高吸引买盘介入，自己分批散出手中筹码。末尾再推升，营造出后市还有上涨潜力的假象，维持市场的注资力度，以便在次日开盘后还有足够的买盘来承接。

在分析出这些信息后，投资者就不难看出主力的意图及该股未来可能面临的变盘了，反应快的投资者当时就应该跟随主力借高出局。

再来看 4 月 10 日的股价走势，当天开盘后价格并未如往常一般震荡后被推涨，而是在成交量的剧烈放量压制下迅速下跌。可见主力的出货可能已经进入尾声，不再费力维持上涨而是直接大批卖出，导致股价直线下跌。

最终该股在当日以 15.25% 的跌幅收出了一根大阴线，彻底跌破 SAR 指标红点并使其翻绿。尽管还未跌破中长期均线，但主力已然大批撤资，股价短时间内回升概率不大，投资者不能再继续停留了。

从后续的走势中也可以看到，该股在 4 月底接连跌破了中长期均线的支撑，并在 5 月底出现了一次比较强势的反弹。但由于市场积极情绪不再，注资力度明显下降，股价在突破中长期均线后不久就回归下跌了，期间还与 SAR 指标形成了一次红点背离，预示着下跌行情的延续。

5.2 副图指标背离逃顶

K 线与副图指标的背离形态也是投资者需要重点关注的，第 3 章中介绍的是低位背离，预示的是抄底信号，那么本章就介绍一些常见的高位背离，帮助投资者逃顶。

5.2.1 顶部量能缩减背离

顶部量能缩减背离指的是股价在上涨到高位后，成交量没有继续放量支撑，反而逐步缩减，与股价形成量缩价涨的背离，如图 5-16 所示。

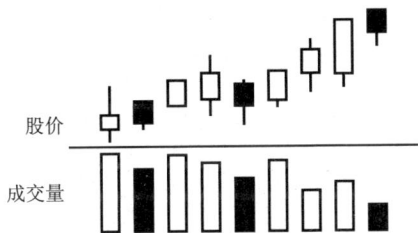

图 5-16 顶部量能缩减背离示意图

这种背离放到上涨行情初期可能是主力高度锁定筹码，无须太多量能即可实现推涨的表现。但放到上涨高位，更可能是市场推动力度不足，股价难以维持上涨，不久之后可能迎来变盘的表现。若成交量后续长期没有给予足够的支撑，行情持续到最后可能会演变为横盘整理乃至下跌。

这种量价背离在前面的很多案例中都已经有所介绍了，因此投资者理解起来也不算困难，下面直接通过案例来学习。

实例分析 蓝海华腾（300484）顶部量能缩减背离实战

图 5-17 为蓝海华腾 2022 年 12 月到 2023 年 4 月的 K 线图。

蓝海华腾的股价从 2022 年 12 月底开始上涨，在成交量的放量推动下一步步向上突破了中长期均线，并在后续回踩确认其支撑力后持续上升。到了 2 月初，股价已经来到了 13.00 元价位线附近。

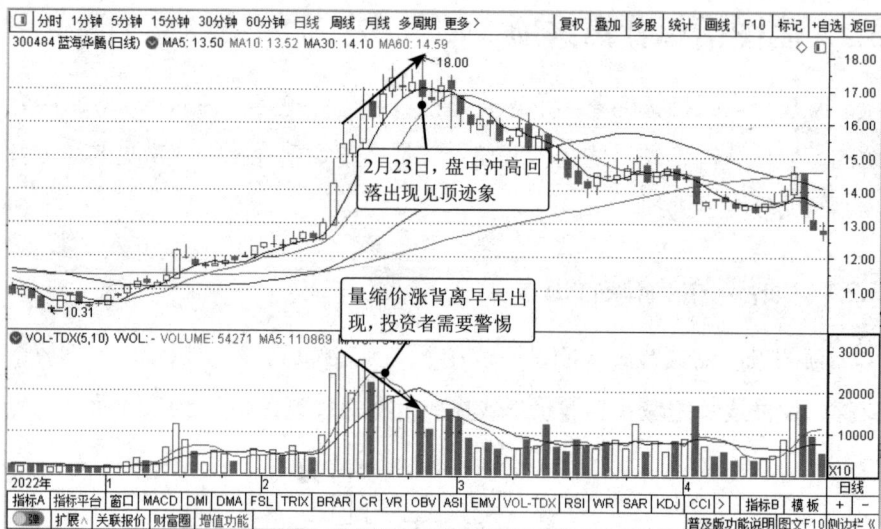

图 5-17　蓝海华腾 2022 年 12 月到 2023 年 4 月的 K 线图

2 月上旬，成交量突然开始逐日放出巨量，直接推出了数根涨幅较大的阳线，股价在短时间内冲到了 16.00 元价位线之上，涨幅十分可观。不过在数日之后，股价虽然继续维持着上涨，但成交量却出现明显的缩减，二者形成了量缩价涨的高位背离。

尽管股价上涨了两个月左右，但这两个月的涨幅却不小，最高点 18.00 元与最低点 10.31 元之间有近 75% 的差距，放在股市中已经是比较不错的收益了。

因此这里出现的量缩价涨完全可以算是股价即将回调或进入下跌的预警信号，谨慎型投资者应当在背离刚开始形成时就抱有警惕之心，必要时提前出局，避开后市可能的下跌。

如果投资者对于变盘何时来临没有头绪，就需要多观察每日的分时走势，看其中会不会出现明确的反转信号。2 月 23 日的分时走势中就出现了投资者想要看到的预示信号。

下面来看当日的情况。

图 5-18 为蓝海华腾 2023 年 2 月 23 日的分时图。

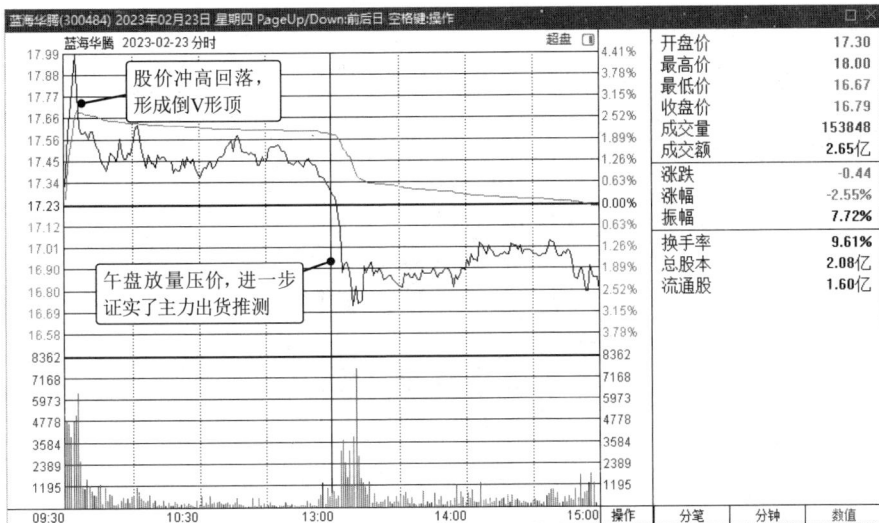

图 5-18　蓝海华腾 2023 年 2 月 23 日的分时图

从图 5-18 中可以看到，该股在开盘后就被大量能推涨着斜线上冲，一直上涨到最高 18.00 元后立即被大卖单压价，股价线迅速转折回落，跌至均价线下方长期震荡，直至早间收盘。

这样快速拉升后立即转折向下的走势被称为倒 V 形顶，与 V 形底相对应，是一种典型的分时筑顶形态。再加上盘中出现的方向明确的买卖大单，结合 K 线图中的行情位置来推测，主力在此推高出货的可能性比较大，投资者要注意了。

下午时段开盘后，股价又在多笔大卖单的压制下迅速下跌，最低落到了16.67 元上。后续虽有回升，但幅度实在太小，距离均价线更是极远，最终也只是以阴线报收。

这已经是比较明显的变盘预示了，即便股价在后续几日并没有立即下跌，但继续上涨也是很困难的，谨慎型投资者早就应该止盈卖出了。

进入 3 月后，股价的下跌才明显起来，成交量大幅缩减，下跌趋势已然形成。3 月中旬，30 日均线被跌破。4 月初，60 日均线被跌破，同时 30 日均线也彻底被扭转向下，跌势难以挽回，投资者不可再停留。

5.2.2　顶部量增价跌背离

顶部量增价跌背离指的是在行情转势的初期，股价开始下跌，成交量却出现放量的背离，如图 5-19 所示。

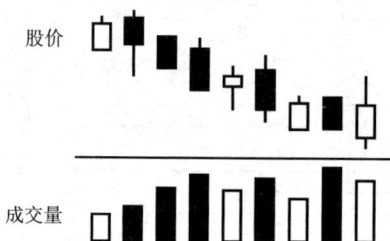

图 5-19　顶部量增价跌背离示意图

量增价跌的背离其实在第 3 章中已经介绍过了，不过当时是以下跌行情末期的量增价跌为分析对象，预示意义是主力低位吸筹，蓄力准备拉升。本节要介绍的是上涨行情刚刚转势时形成的量增价跌，其传递出的信号与前者截然相反。

在高位出现的大批量主动卖盘，一般是主力急于出货挂出的。如果股价下跌速度比较快或是市场风向转变过于突然，还有可能导致散户恐慌性杀跌，使得成交量放大得越发明显。遇到这种情况，投资者就要及时跟随出局了，以免股价越跌越深导致损失进一步扩大。

下面来看一个案例。

实例分析 奥雅股份（300949）顶部量增价跌背离实战

图 5-20 为奥雅股份 2023 年 11 月到 2024 年 2 月的 K 线图。

在奥雅股份的这段走势中，股价前期的走势并不算积极，整体几乎是在 40.00 元价位线附近横向震荡，运行方向不明。直到进入 2023 年 12 月后，该股才有了转势上涨的迹象，这时也有很多投资者参与其中。

越到后期，股价上涨的速度越快。但出乎多数人意料的是，该股竟然在 12 月中旬毫无预兆地形成了一字涨停，并且连涨三日。要知道奥雅股份是在创业板上市交易的，单日涨跌幅限制为 20%，这三日的一字涨停带来的就是 60% 的收益。

本来单日涨跌幅限制的扩大就让创业板股票更不容易涨停，更何况连续的一字涨停。因此投资者直接就可以判定盘中有主力在参与，目的暂且不论，涨停板打开后股价会快速下跌是比较确定的。

场内投资者偶然获得这笔收益后最好不要惜售，直接在股价开板后立即出手。即便未来股价还有上涨潜力，投资者也可以重新建仓。

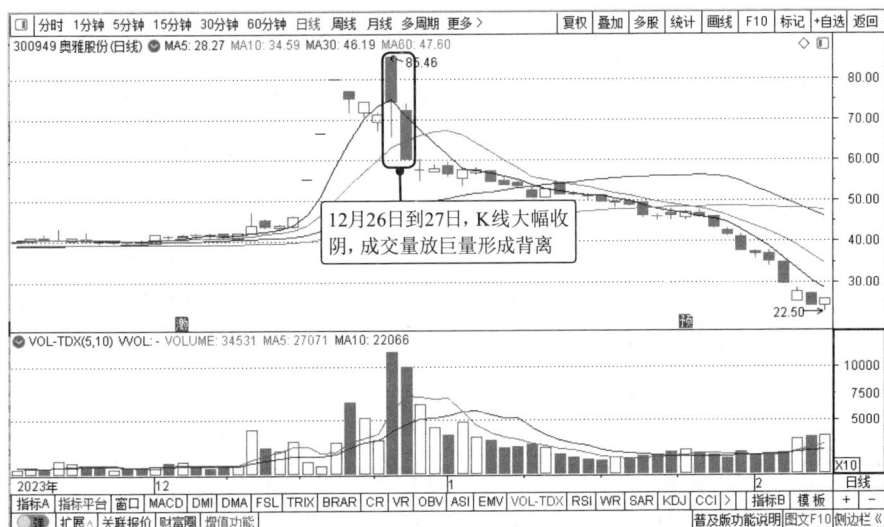

图 5-20　奥雅股份 2023 年 11 月到 2024 年 2 月的 K 线图

从后续的走势中可以看到，该股开板后确实出现了接连的下跌，但是跌速还不算快，给投资者留下了足够的撤离时间。

然而在 12 月 26 日，股价突然大幅高开后快速下坠，当日收出一根长实体阴线，成交量却有巨幅放量，明显是主力在高位大批量卖出造成的。次日量能虽有缩减，但也只是相较于前日，场内依旧在大批挂卖单，K 线收出长阴，进一步加强了卖出信号，这些卖出信号提醒投资者应及时出局。

5.2.3　单根跌停天量背离

单根跌停天量背离指的是股价转向下跌后，在持续下行的过程中形成一字跌停，当日成交量极度缩减，与前日量能形成背离，如图 5-21 所示。

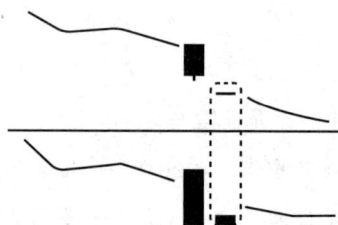

图 5-21　单根跌停天量背离示意图

一字跌停期间量能极度缩减是因为盘中有大量卖单堆积在跌停价上，但很少有投资者愿意在一字跌停期间挂出买单，导致大量卖单无法交易，跌停只能一直延续下去，形成恶性循环。

一字跌停有可能连续形成，持续时间越长，看跌信号就越强。如果投资者没能在一字跌停成型之前或跌停期间抓紧时间撤离，就只能等到开板时第一时间挂单卖出了。

下面来看一个具体的案例。

实例分析 伟时电子（605218）单根跌停天量背离实战

图 5-22 为伟时电子 2023 年 10 月到 2024 年 2 月的 K 线图。

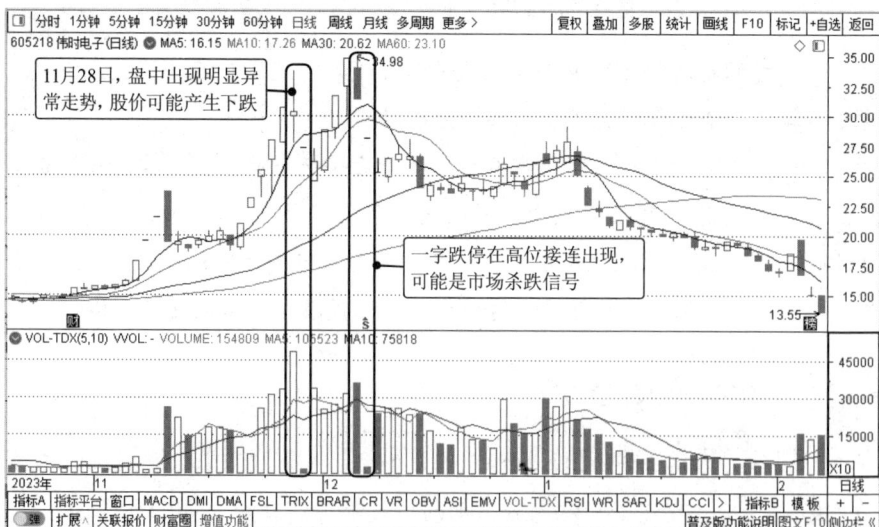

图 5-22　伟时电子 2023 年 10 月到 2024 年 2 月的 K 线图

从伟时电子这段时间内中长期均线的表现就可以看出，该股的涨势十分强劲，K 线和短期均线与中长期均线之间的乖离较大。不过这也是一种市场短时间内超涨，股价可能向着中长期均线修复的警示信号。

即便如此，投资者在其中操作获利的机会也是非常大的。只要股价没有直接跌破中长期均线，投资者就可以继续持有，甚至在回调低位加仓。

2023 年 11 月下旬，股价在经历了一次回调整理后继续拉升，连续数日收出涨停阳线，与此同时成交量也在逐日放量推动。虽然不是一字涨停，但该股的涨势和上升速度依旧不可小觑。

不过越到后期，股价涨停的速度越慢，甚至在 11 月 28 日出现了明显的下跌，这时投资者就要特别注意回调是否临近了。

下面来看这几个交易日的分时走势情况。

图 5-23 为伟时电子 2023 年 11 月 23 日到 28 日的分时图。

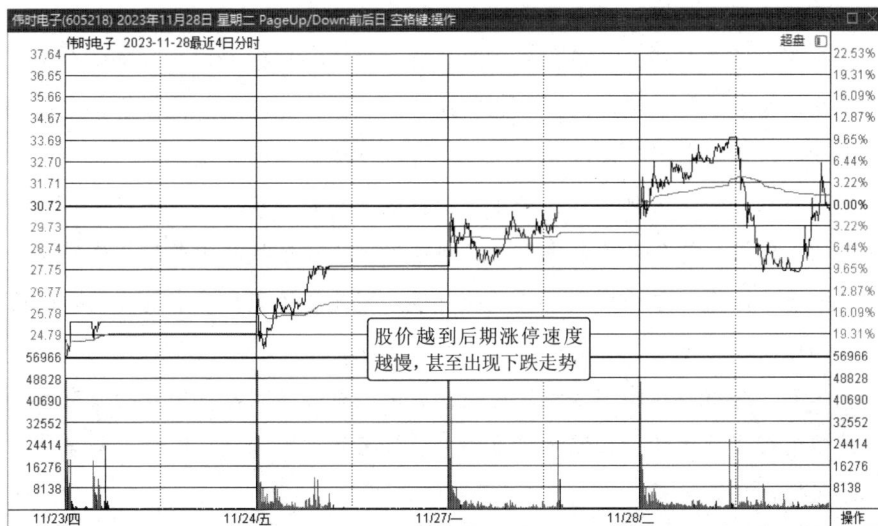

图 5-23 伟时电子 2023 年 11 月 23 日到 28 日的分时图

从图 5-23 中可以看到，该股在 11 月 23 日的涨停速度还是非常快的，从开盘到涨停只花费了不到十分钟。虽然后续有开板交易，但下跌幅度非常小，持续时间也不长，市场积极性还是非常高的。

　　11 月 24 日的走势就不如前日强势了，股价在开盘后还出现了一定幅度的下跌，可能是在消化前期积累的获利盘。数十分钟后股价回归上涨，但盘中似乎阻力较大，买卖盘一直纠缠到 11:00 左右，该股才彻底封板。

　　11 月 27 日的走势就更加危险了，股价在开盘后一直处于横向大幅震荡的状态。成交量除了开盘后有过大笔放量，后续几乎没有形成有效支撑，使得股价上涨困难，始终达不到涨停。直到下午时段开盘后不久，该股才终于在大量柱的推动下涨停。

　　由此可见，在 K 线图中看似积极的连续涨停，内部其实存在不小的反转危机。再加上均线的修复特性随时可能发挥作用，投资者在持股期间需要保持警惕。

　　再看关键交易日，也就是 11 月 28 日的分时走势。该股在开盘后依旧是在震荡中向着涨停板进发，整体积极性相较于前日反而有所提升，在早间收盘之前就达到了涨停，似乎市场注资力度正在恢复。

　　但等到下午时段开盘后，投资者的这一推测将被彻底推翻。股价在开盘后就在一根大量柱的抛压压制下立即跌下涨停板，并在之后持续震荡下跌，半个多小时后就落到了跌停板上，短时间内的跌幅达到 20%。

　　这种从涨停板落到跌停板的走势，放到当前的强势行情中显然是异常且突兀的，但根据前几日越来越慢的涨停速度及当前 K 线与中长期均线的偏离情况来看，该股似乎确实到了回调的时候。因此谨慎型投资者就要趁着股价尚未彻底跌停而迅速将手中筹码抛售，保住前期收益。

　　次日，股价果然出现了快速下跌，并且还是一字跌停。当日的成交量自然是极度缩减的地量，相较于前日的大量柱有明显的背离，同时也与当前的上涨行情产生了背离。

　　不过此次股价回调的时间极短，跌停次日就开始收阳。但股价重拾升势后维持上涨的时间也缩短了，在三个交易日后就出现收阴下跌，再一次预示出下跌的到来，根据前期经验，投资者此时也应当及时卖出。

　　再往后一个交易日，股价再次一字跌停，成交量地量缩减。后续股价持续下跌，一路向下靠近中长期均线，但并未如往期那般止跌回升，而是在震荡数日后直接跌破，后续的反弹不过也确认了其压制作用。

很显然，这一次的下跌不是单纯的回调整理，而是行情转势，投资者该撤出的就要及时撤出，另寻其他优质个股操作。

5.2.4 KDJ 指标顶背离

KDJ 指标顶背离是指在行情高位，K 线高点不断上移的同时，KDJ 指标的高点却出现明显下移的情况，如图 5-24 所示。

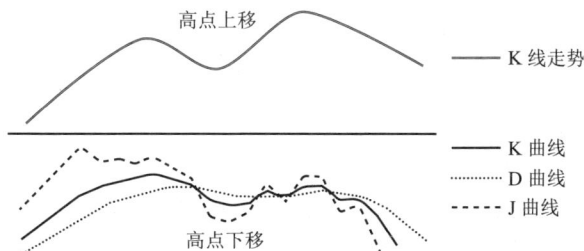

图 5-24 KDJ 指标顶背离示意图

与之前介绍的 KDJ 指标底背离类似，投资者需要重点关注的依旧是指标中的 K 曲线。当 K 曲线高点的移动方向明显与股价高点产生背离时，指标的顶背离才会更加标准，信号强度也更高。

在高位形成的 KDJ 顶背离大多是因为市场推动力不足，股价涨势变缓，才导致 KDJ 指标提前发生了转向，因此释放出的是见顶信号，投资者需要及时借高出货，将收益兑现。

下面来看一个案例。

实例分析 **震有科技（688418）KDJ 指标顶背离实战**

图 5-25 为震有科技 2023 年 8 月到 12 月的 K 线图。

在震有科技的这段上涨行情之中，股价震荡的幅度还是比较大的，这也使得 KDJ 指标跟随出现了大幅的波动。

第一次回调于 9 月上旬出现，股价在上涨接近 24.00 元价位线后就受阻收阴下行，低点落到 30 日均线上方不远处才止跌。在此期间 KDJ 指标也从高位滑落，K 曲线逐渐接触到 20 线，J 曲线则是小幅跌破了 0 线。不过股价回升及时，指标线没有继续下跌。

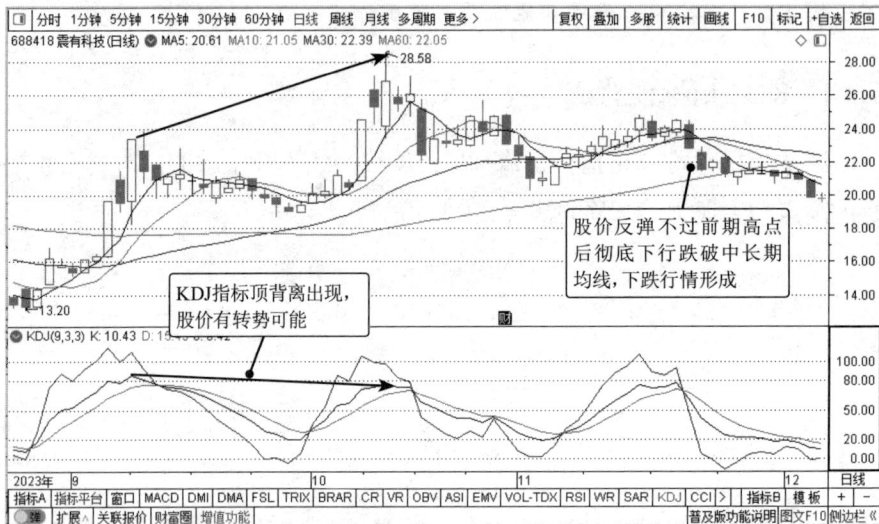

图 5-25　震有科技 2023 年 8 月到 12 月的 K 线图

9 月底，股价回归上涨，很快便收出长阳突破前期高点。在创出 28.58 元的近期新高后，股价冲高回落并开始在高位横向震荡。

此时来观察 KDJ 指标，可以发现当股价运行到新的高点时，KDJ 指标的高点却出现了一定程度的下移，二者形成了顶背离。结合此时股价高位震荡的表现来看，该股可能即将面临下跌，投资者要注意止盈了。

仅仅横盘两个交易日后，K 线便收出长阴线迅速下跌，后续虽踩在 30 日均线上反弹了一段时间，但很明显没能越过前期高点。经过一个多月的震荡后，该股最终还是在 11 月中旬跌破 30 日均线，数日之后跌破 60 日均线，确定了下跌行情的形成，警示投资者及时止损卖出。

5.2.5　KDJ 指标高位钝化背离

KDJ 指标的高位钝化是指行情保持稳定上涨时，KDJ 指标随之在 80 线附近走平并反复震荡而形成的钝化背离，如图 5-26 所示。

KDJ 指标的高位钝化意味着某一时期内股价上涨稳定性极好，持续性较强，因此只要钝化现象一直保持，投资者就可以试着追涨买进。

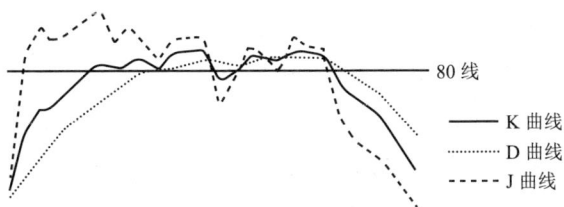

图 5-26　KDJ 指标高位钝化背离示意图

但要注意的是，钝化位置越高，投资者买进后股价反转下跌的风险越大。所以只要观察到 K 线或 KDJ 指标有反转或结束钝化的预兆，投资者就要及时撤离，将收益落袋为安。

下面来看一个案例。

实例分析　**普天科技（002544）KDJ 指标高位钝化背离实战**

图 5-27 为普天科技 2022 年 12 月到 2023 年 5 月的 K 线图。

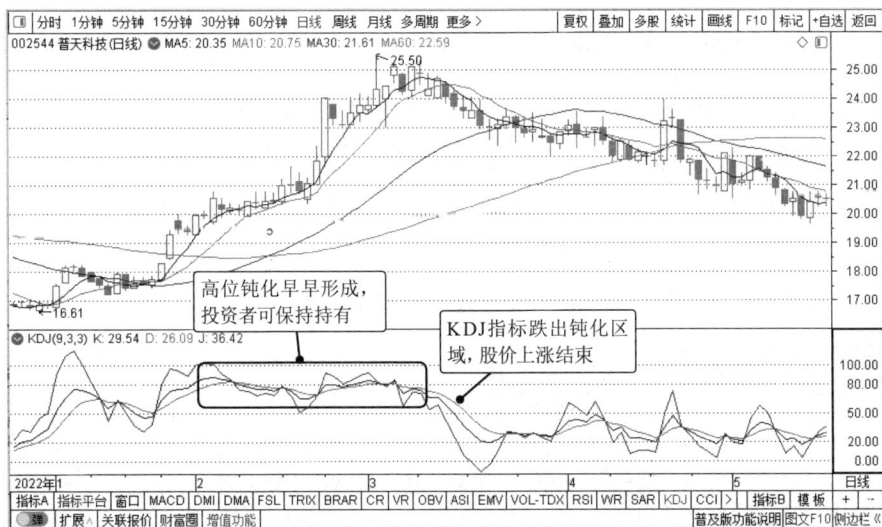

图 5-27　普天科技 2022 年 12 月到 2023 年 5 月的 K 线图

普天科技的股价自 2022 年 12 月底开始上涨，一路冲破中长期均线的阻碍后进入了稳定且持续的主升期中。与此同时，KDJ 指标也被积极上涨的股价带动运行到了 80 线附近，显示出市场热烈追涨的氛围。

在上涨行情逐渐稳定之后，KDJ 指标也开始在 80 线附近走平，并随着股价的小幅震荡而不断上下波动，构筑出高位钝化现象，与持续上扬的行情形成了背离。

这意味着股价在钝化期间的涨势稳定，投资者如果早已借低建仓，那么后续就可以保持持有，甚至在回调低位适当加仓。一直处于观望的投资者也可以在此尝试着买进，以抓住后续涨幅。

这样的钝化和上涨一直持续到了 2023 年 3 月初，股价在 25.00 元价位线上受阻后形成了一段时间的横盘震荡。震荡期间 KDJ 指标线有小幅下移，但并未跌破钝化区间。不过随着时间的推移，股价还是逐步向下滑落靠近中长期均线，说明一波深度回调或是下跌行情即将来临。

与此同时，KDJ 指标也明显下滑并跌到了钝化区间之外，进一步证实了股价进入下跌的推测。再加上前期收益已经十分丰厚，投资者最好还是在此兑利卖出，以保住前期收益。

5.2.6 MACD 三离三靠上行背离

MACD 三离三靠上行背离指的是随着股价的震荡上涨，MACD 指标中的 DIF 运行到 DEA 之上，连续三次远离又靠近 DEA 后形成的看涨背离，如图 5-28 所示。

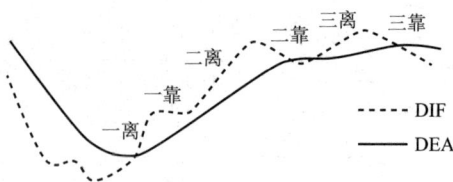

图 5-28 MACD 三离三靠上行背离示意图

一般来说，DIF 在 DEA 以上的三离三靠都是股价积极上涨造成的，期间形成的反复回调使得 DIF 反复波动靠近 DEA。但这种状态显然无法持续太长时间，往往在第三靠时股价就会有比较大的波动，导致 DIF 跌破DEA，形成中短期卖出信号。

但与 MACD 指标的三离三靠下行背离一样，股价不是每次都会在第三靠时出现变盘。因此投资者不能盲目按照理论进行操作，而是要灵活变通分析，同时时刻注意盘中的其他涨跌信号。

下面来看一个案例。

实例分析 新洁能（605111）MACD 三离三靠上行背离实战

图 5-29 为新洁能 2021 年 10 月到 2022 年 1 月的 K 线图。

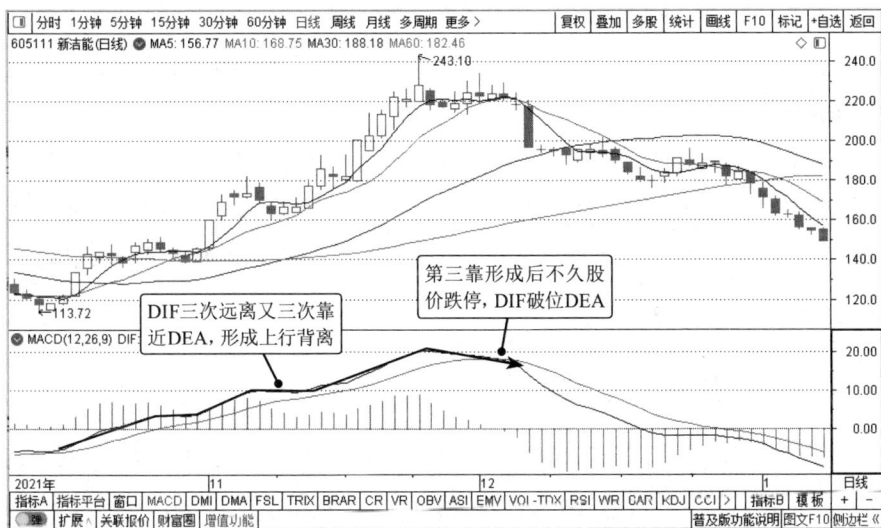

图 5-29 新洁能 2021 年 10 月到 2022 年 1 月的 K 线图

从图 5-29 中可以看到，股价在 2021 年 12 月中旬之前尚处于下跌之中，中长期均线还压制在 K 线之上。直到在 113.72 元的位置触底后，K 线才开始逐步收阳上涨。在此期间，MACD 指标已经被带动跌到了零轴之下。

不过随着股价的持续上行，MACD 指标线也开始向上转折，DIF 逐步远离 DEA。进入 11 月后，股价成功在中长期均线上站稳了脚跟，开始向着更高的位置进发。

在后续近一个月的上涨过程中，股价回调的次数很少，并且幅度也不大，都没有带动短期均线产生过交叉，可见市场积极性极高。不过即便回调幅度很小，MACD 指标中的 DIF 还是受到了一定的影响，多次向下靠近 DEA。

到了 11 月下旬，DIF 与 DEA 之间已经形成了三次远离和两次靠近了，只差最后一次靠近就会构筑出完整的三离三靠形态。再加上此时的行情位置已经比较高，股价确实有反转下跌的可能，投资者要特别注意。

11 月底，K 线收出一根带长上影线的小实体阳线后横盘震荡。这种阳线往往意味着股价在盘中有过冲高回落，结合后期的横盘来看，市场推动力可能有所不足，卖盘也开始发力，股价有下跌风险，谨慎型投资者应当及时在发现危险后卖出兑利。

在股价横盘的过程中，DIF 也不断向下靠近 DEA，并于 12 月初实现了跌破。此时的股价还处于滞涨状态，但 MACD 指标的表现已经释放出了比较明确的下跌信号。

数日之后，股价突然大幅跌停，以一根大阴线跌破了横盘区间下边线，并在数日之后走平穿越了依旧上行的 30 日均线。结合此时 MACD 指标线转势下行的走势来看，下跌行情几乎已经可以确定，此时还未离场的投资者要抓紧时间了，以免高位深度被套。

5.2.7　MACD 顶部隔山背离

先来介绍头肩顶，这就是第 3 章介绍过的头肩底形态的翻转，是股价在高位形成的顶部形态，由三个波峰和两个波谷构成，中间的波峰最高，为形态的头部；两侧的波峰稍低，且高度相当，形似两肩。

MACD 指标的顶部隔山背离就是股价在高位构筑出头肩顶的同时，MACD 指标柱状线在左右两肩处的红绿状态背离，如图 5-30 所示。

在左肩处，股价还有上涨空间，DIF 运行于 DEA 之上，MACD 柱状线呈红色；但在右肩处，股价已经转入下跌了，DIF 跌到了 DEA 以下，MACD 柱状线就会翻绿，进而与左肩的 MACD 红柱形成背离。

由于下跌反转的危险性较高，投资者若不能及时卖出就可能被深套其中，因此在顶部隔山背离中的操作就要更加谨慎，最好抓住多个卖点分批减仓，降低风险。

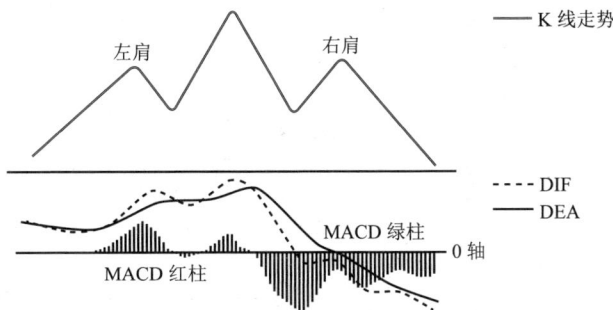

图 5-30　MACD 顶部隔山背离示意图

根据 MACD 指标的特性，股价与指标可能在左肩和头部形成之后就产生了顶背离，这是第一个比较明确的卖点（不一定每个隔山背离都有）。

在头部形成，股价首次反弹不过前期高点的位置，MACD 柱状线就会开始形成隔山背离。而红柱翻绿早在头部出现后就会形成，因此投资者完全可以在右肩成型之前就发现隔山背离的雏形，进而提前卖出止损。

当头肩顶彻底形成，隔山背离也成立之后，股价可能已经跌破了中长期均线，也可能还在其支撑下小幅反弹。那么当股价最终跌破中长期均线开启下跌行情，MACD 指标线也跌破零轴时，投资者就需要全部清仓了。

下面就通过一个案例进行解析。

实例分析　**恒润股份（603985）MACD 顶部隔山背离实战**

图 5-31 为恒润股份 2023 年 9 月到 12 月的 K 线图。

来看恒润股份的股价上涨到高位后是如何发生转折的。从 K 线图中可以看到，该股在 10 月初就开启了上涨，越到后期涨速越快。

到了 10 月下旬，股价甚至形成了连续的涨停，为投资者带来了丰厚的短期收益。

与此同时，MACD 指标也被带动运行到了高位，DIF 大幅向上远离 DEA，使得 MACD 红柱十分突出。这都是市场积极上涨的信号，不过由于股价短时间内的暴涨，后续可能会形成回调，投资者要特别注意。

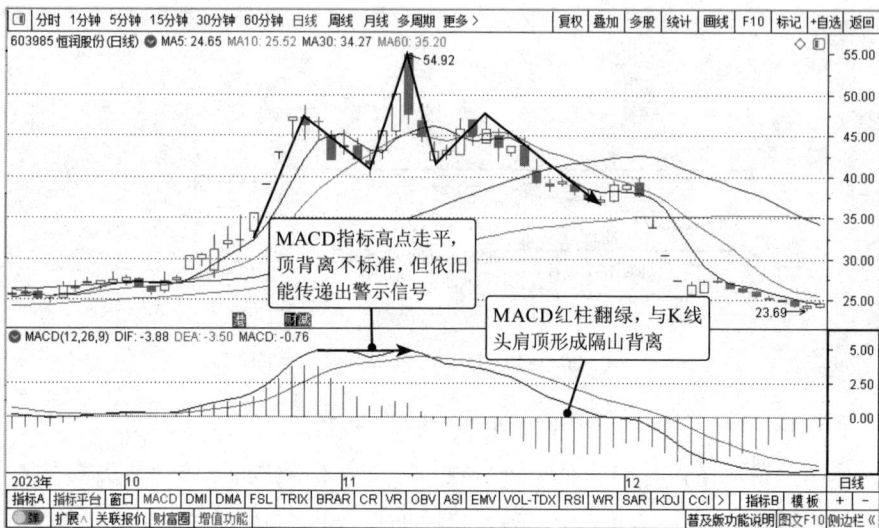

图 5-31 恒润股份 2023 年 9 月到 12 月的 K 线图

果然，该股在 10 月底涨停板打开后不久就收阴下跌，回调到了 40.00 元价位线上方。在此得到支撑后该股重拾升势，三日之后就冲到了接近 55.00 元价位线的位置，高点明显上移。

此时来观察 MACD 指标，可以发现 DIF 的高点是走平的，与股价产生了背离。尽管这并不是标准的顶背离（顶背离要求 MACD 指标线高点下移），但依旧能传递出市场推涨动力不足的信号，谨慎型投资者已经可以先行卖出观望了；惜售型投资者也最好适当减仓。

就在股价创新高的当日，盘中出现了急速的下跌，当日收出一根长阴线，这时投资者就更能体会出下跌的即将到来。

数日之后，股价落到与前期低点相近的位置后止跌反弹，但高点远不及前期，只与 10 月底的阶段顶部相当。此时 K 线的头肩顶形态已经比较清晰了，再看 MACD 指标，可以发现 MACD 红柱在形态头部形成后不久就翻绿了，在右肩的位置呈现出隔山背离。

至此，无论是 K 线形态还是 MACD 指标都已经释放出了强烈的卖出信号，谨慎型投资者应当早已清仓完毕，惜售型投资者也不能再长久停留了。在发现股价彻底跌破中长期均线后，这部分投资者也要及时清仓出局。

5.2.8　MACD 指标顶背离

MACD 指标的顶背离指的是股价在不断向上攀升的过程中高点逐步上移，但 DIF 的高点却出现下移的背离走势，如图 5-32 所示。

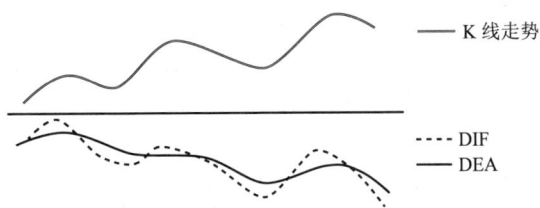

图 5-32　MACD 指标顶背离示意图

顶背离意味着市场追涨的积极氛围逐渐淡去，股价的涨势相较于前期也有所减缓，不断创出新高的走势无法维持太久，变盘即将来临。行情可能在顶背离出现后立即转势，但有时候这种背离会延续较长时间，MACD 指标高点多次下移，就如图 5-32 中展示的那样，投资者有时候确实不好定位卖点。

不过投资者可以采取分段买卖的方式来应对，即在 MACD 指标高位下移的位置卖出，等到股价再度上涨时再买进。这样既不会踏空后市可能存在的上涨行情，长久持股的风险也会被削弱，只是操作难度较大，费时费力。

没有这些条件的投资者可以在高点下移的过程中分批减仓，后续不再加仓，依旧可以得到后期涨幅，只是收益会少一些。

实例分析　**华锐精密（688059）MACD 指标顶背离实战**

图 5-33 为华锐精密 2022 年 10 月到 2023 年 5 月的 K 线图。

在华锐精密的上涨走势中，中长期均线长期承托在 K 线之下，整体呈现出上山爬坡的形态，期间有大量买盘参与。

在 2022 年 11 月，MACD 指标的表现还是比较积极的，两条指标线都在股价持续上涨的带动下不断深入多头市场之中。11 月下旬，该股在 160.00 元价位线上受阻后形成了一次回调，数日之后便踩在 30 日均线上继续上涨。

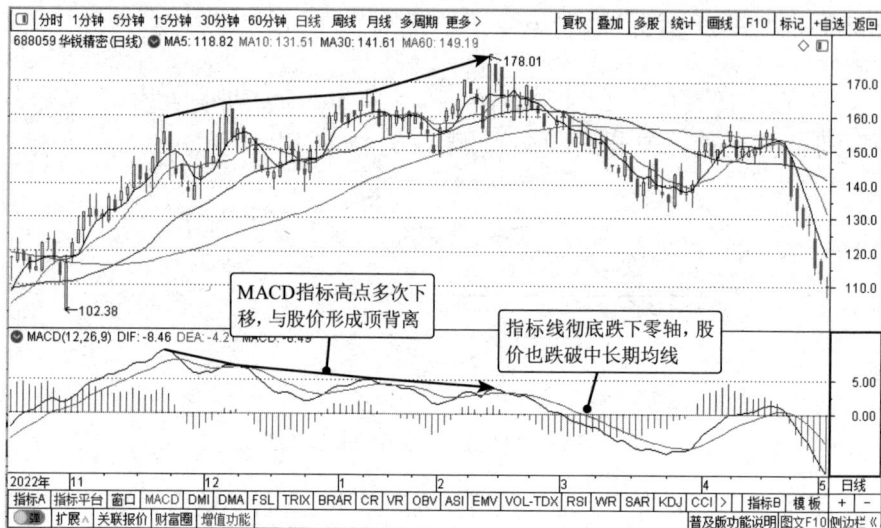

图 5-33　华锐精密 2022 年 10 月到 2023 年 5 月的 K 线图

　　进入 12 月后，股价再度于同样的压力线处受阻下跌，不过高点是超过了前期的。反观 MACD 指标，可以发现指标线随着股价的两次回调产生了两次交叉，但高点有明显下移，与之形成了顶背离形态。

　　这时股价涨幅也比较大了，因此投资者判断股价可能就此转入下跌也是合理的。尤其是股价在 12 月中旬形成的反弹没有突破前期高点，就更像是下跌行情开启的表现了，不少谨慎型投资者选择在此卖出。

　　不过华锐精密此次并未直接下跌，而是继续踩着中长期均线上涨，并且高点还有进一步的上移。当股价再一次回调时，DIF 也跌破 DEA 形成转折，高点相较于前期下移了不少，顶背离依旧存在。可见虽然股价还能维持上涨，但市场助涨动能早已不如前期，变盘随时可能到来，投资者最好采取分段交易或是分批减仓的方式应对。

　　2023 年 2 月中旬，在又一次大幅收阳拉升并创出新高后，股价来到了178.01 元的位置，随后又如以往那样收阴回调。此时的 MACD 指标依旧处于顶背离状态中，两条指标线离零轴越来越近，危险信号也越来越强。

　　2 月底，股价终于向下跌破了 30 日均线，后续踩在 60 日均线上反弹也没能越过前期高点，而是继续下跌并破位 60 日均线。与此同时 MACD 指标线也彻底跌到了零轴之下，长久的顶背离结束，下跌行情正式开启，一直持股到此刻的投资者就要迅速卖出兑利了。

5.2.9　MACD 红柱缩头

MACD 红柱缩头指的是在股价持续上涨的过程中，MACD 红柱提前出现缩短的背离形态，如图 5-34 所示。

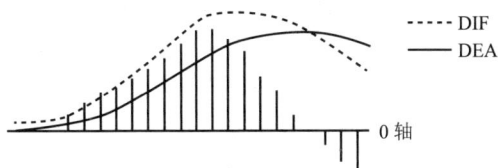

图 5-34　MACD 红柱缩头示意图

MACD 红柱提前缩短意味着 DIF 在向下或是走平并逐渐靠近依旧上行的 DEA，等到二者产生交叉并拐头向下，MACD 红柱就会翻绿。这种交叉形态被称为死亡交叉，往往是股价转势下跌的信号。

如果股价是上涨到高位出现这种情况的，那么投资者就有必要仔细观察盘中是否有其他的看跌信号同步形成，股价有没有可能在短时间内形成转折。如果有，谨慎型投资者最好提前止盈卖出，惜售型投资者在发现明确下跌走势后也不能停留。

下面来看一个具体案例。

实例分析　**久其软件（002279）MACD 红柱缩头实战**

图 5-35 为久其软件 2022 年 12 月到 2023 年 4 月的 K 线图。

2022 年 12 月，久其软件的股价还处于积极上涨的过程中，在连续数日收阳拉升下，股价很快便冲到了 8.00 元价位线以上。与此同时，MACD 指标也被带动深入多头市场之中，MACD 红柱持续拉长。

不过在股价小幅越过 9.00 元价位线后回调的过程中，MACD 指标中的 DIF 受到影响明显回落并靠近 DEA，使得 MACD 红柱出现了缩头走势。但由于股价此时也在下跌，二者并未产生背离。

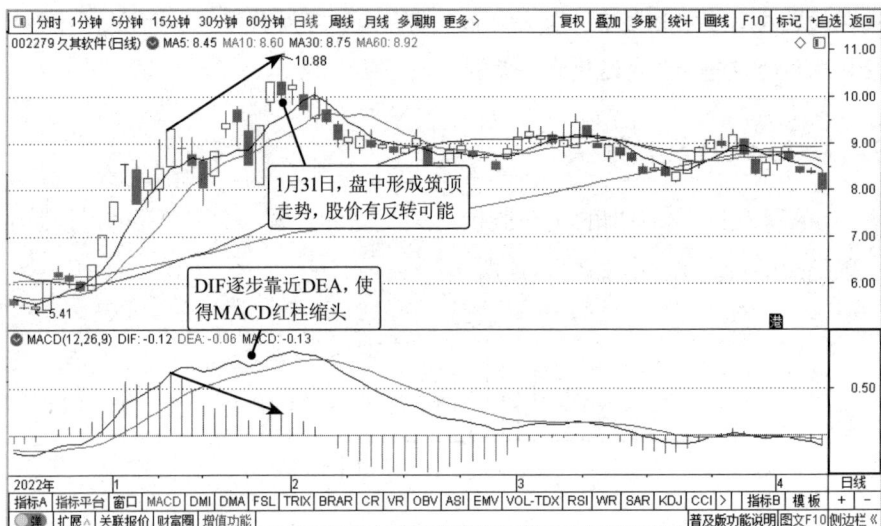

图 5-35　久其软件 2022 年 12 月到 2023 年 4 月的 K 线图

数日后，股价落到 10 日均线上得到支撑继续上升，后续上涨走势虽然在延续，但涨速明显减缓，震荡程度也有所增加。这就导致 MACD 指标无法如前期一般快速上扬，DIF 始终不能和 DEA 拉开距离，MACD 红柱缩头的形态一直存在。

这时，高点持续下移的 MACD 红柱就与高点仍旧上移的股价形成了背离。与顶背离不同的形态也能传递出与之相似的信号，投资者的应对策略也是相似的，即密切关注盘中其他信息，必要时提前出局。

1 月 31 日，股价上涨到了 10.00 元价位线以上，但当日却收出了一根带长上影线的小实体阴线。这种 K 线形态出现在行情高位是比较危险的，也是对投资者的一种提醒，下面进入当日的分时走势中细致观察。

图 5-36 为久其软件 2023 年 1 月 31 日的分时图。

从当日的分时走势可以看到，该股在开盘后被大量能推涨向上，短短数十分钟就冲到了 10.77 元价位线附近。股价在此受阻小幅回落到均价线上方短暂震荡，然后再度拉升并创出 10.88 元的新高，然后急速转折向下，在 10:00 之后跌破了均价线。

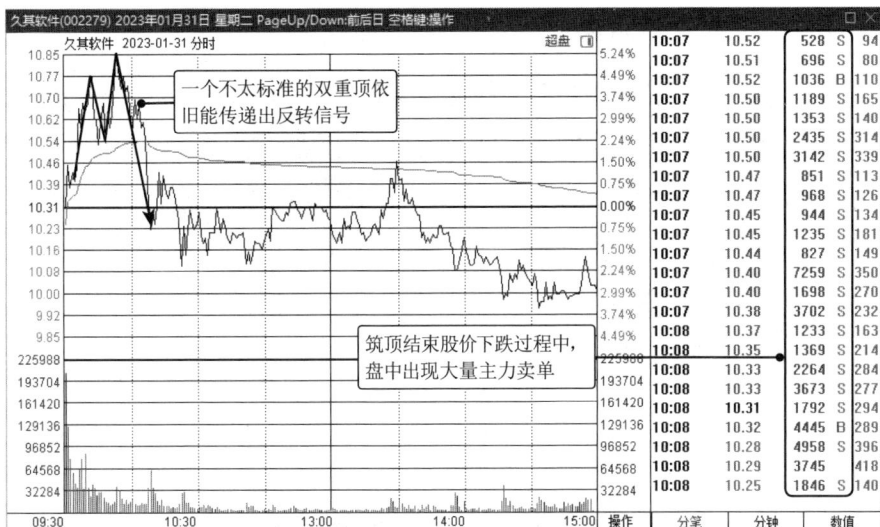

图 5-36　久其软件 2023 年 1 月 31 日的分时图

不难看出，股价线在这半个小时内构筑出了一个不太标准的双重顶筑顶形态（两个高点距离较远），但根据后市股价线的表现及 K 线图中 MACD 指标释放出的反转信号来看，这很有可能就是股价下跌开启的标志。

右侧数据窗口中显示的股价在跌破均价线后，盘中挂出的大批紫色主力卖单也能证实这一点。既然主力已经开始大批出货，下跌行情应该也不远了，反应快的投资者当天就可以卖出。

回到 K 线图中观察后续的走势，股价确实很快出现了下跌，MACD 指标线形成高位死叉后持续下行，柱状线翻绿。不久之后，股价彻底跌破中长期均线，尽管短时间内并未出现大幅度的下跌，但观其趋势，要形成回升也是有难度的，投资者不宜再等待了。

5.3　日内走势背离指标撤资

分时图中股价线与技术指标的顶部背离在关键时刻可以传递出重要信息，帮助投资者及时逃顶。尤其是各种筑顶形态及量价背离形态，投资者需要重点关注。

5.3.1　均价线下行背离

均价线的下行背离是指盘中趋势整体向下，均价线也压制在股价线上方时，股价线受盘中买卖双方注资力度影响而反弹并与均价线形成背离，但最终难以将其彻底突破的走势，如图5-37所示。

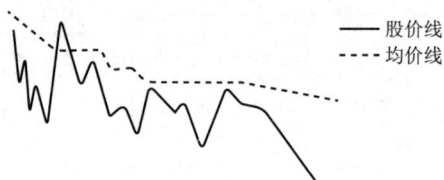

图 5-37　均价线下行背离示意图

单纯凭借这种走势来确定卖点显然是不行的，投资者还需要根据外部K线走势及行情位置来综合分析。同时也要注意其他可能存在的背离形态，多方位、多角度研究后再借助均价线下行背离卖出，才能更好地提高逃顶成功率。

下面来看一个具体案例。

实例分析 **龙版传媒（605577）均价线下行背离实战**

图5-38为龙版传媒2023年12月到2024年3月的K线图。

先来看龙版传媒的K线走势，可以发现该股前期的涨势还是比较迅猛的，K线与中长期均线的距离较远，说明股价在短时间内有过暴涨。不过在2023年12月中旬，该股在30.00元价位线上方受阻并形成了大幅下跌。

好在股价只跌破了30日均线，进入2024年1月后，该股便在60日均线的支撑下再度向上拉升，涨速还比较快。但观察成交量就可以发现，其在K线收阳突破30日均线后就出现了明显缩减，与股价形成量缩价涨的背离。

显然，这是市场推涨困难，股价可能即将转势下跌的征兆。1月26日，这一推测得到了验证，下面来看当日的走势情况。

图5-39为龙版传媒2024年1月26日的分时图。

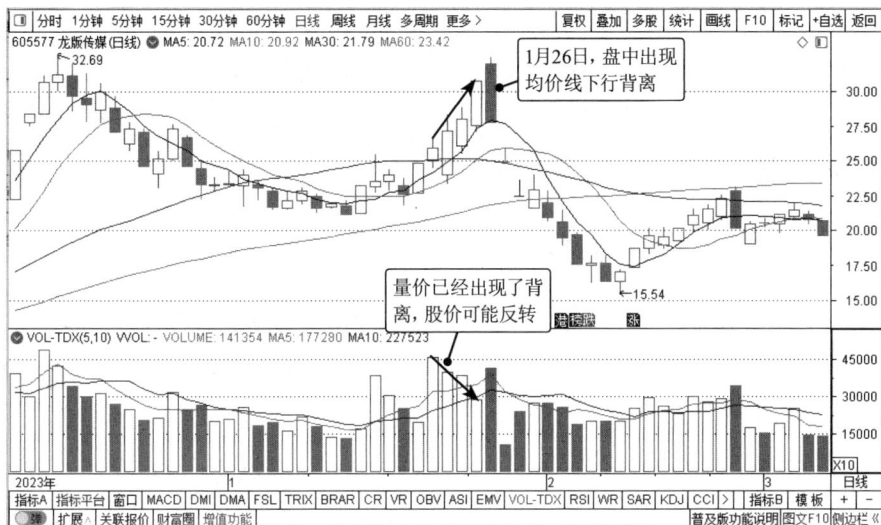

图 5-38　龙版传媒 2023 年 12 月到 2024 年 3 月的 K 线图

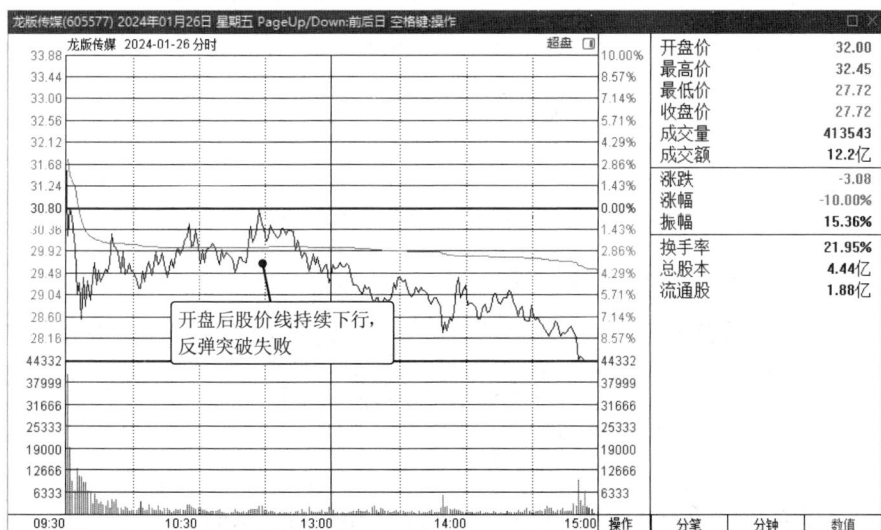

图 5-39　龙版传媒 2024 年 1 月 26 日的分时图

从图 5-39 中可以看到，该股在开盘后就受到大量能的压制而快速下跌，一直落到最低 27.72 元才被拉起，数分钟内跌幅超过 10%。这样的走势大概率是主力大批卖出造成的，结合外部走势来看，主力可能在借助这次强势反弹散出最后的筹码，后市高度看跌。

因此，当投资者发现当日股价被拉起后与均价线形成下行背离时，就要抓紧时间在反弹高位将手中持仓抛售。从后续的走势可以看到，该股虽然成功突破了均价线，但最终没能突破前日收盘价，转而持续下行，以跌停收出大阴线，警示投资者及时出局。

5.3.2　均价线上行扭转背离

均价线上行扭转背离是股价快速转势下跌，最终跌破均价线并将其扭转向下的背离。当扭转背离以一些特殊的筑顶形态出现时，将会传递出比较可靠的反转信号。常见的筑顶形态有双重顶、倒 V 形顶和震荡顶等，如图 5-40 所示。

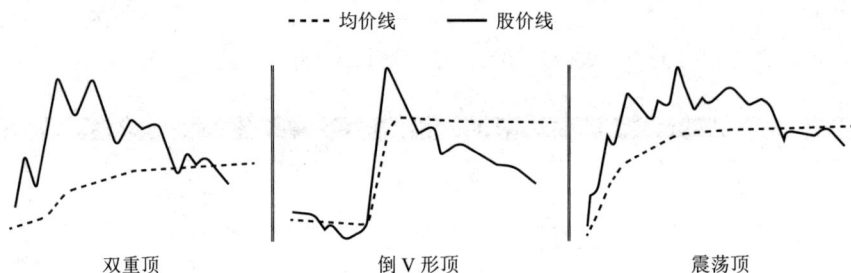

图 5-40　均价线上行扭转背离示意图

这三种筑顶形态就是第 3 章中介绍过的双重底、V 形底和震荡底的翻转，这里不再赘述。不过投资者要知道，如果在行情高位发现这些分时筑顶形态，最好还是提前出局或是适当减仓观望。

下面来看一个具体案例。

实例分析 网达软件（603189）均价线上行扭转背离实战

图 5-41 为网达软件 2022 年 11 月到 2023 年 4 月的 K 线图。

从图 5-41 中可以看到，在网达软件的上涨行情中，K 线和中长期均线配合形成了上山爬坡的走势。在此期间股价反复震荡，并多次在回调高点形成了分时筑顶形态，下面就来看 11 月到 12 月的两次筑顶。

图 5-42 为网达软件 2022 年 11 月 21 日和 12 月 6 日的分时图。

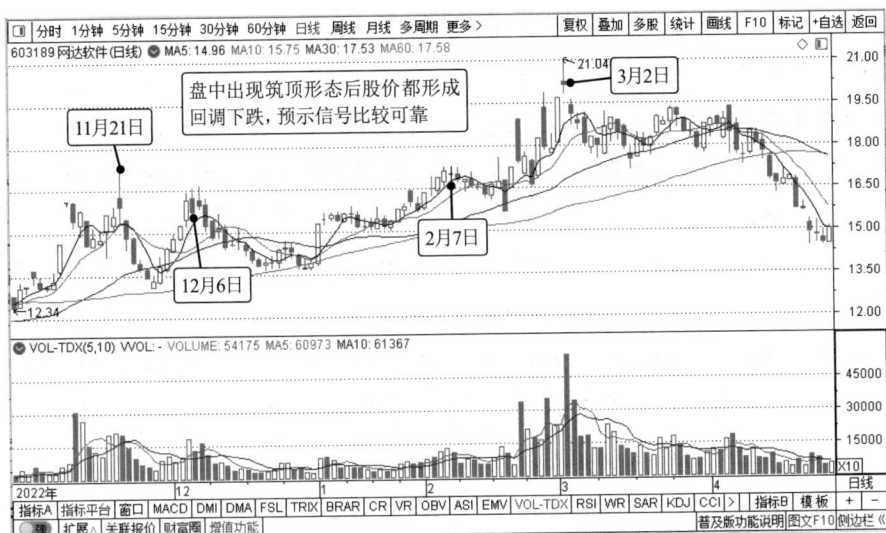

图 5-41　网达软件 2022 年 11 月到 2023 年 4 月的 K 线图

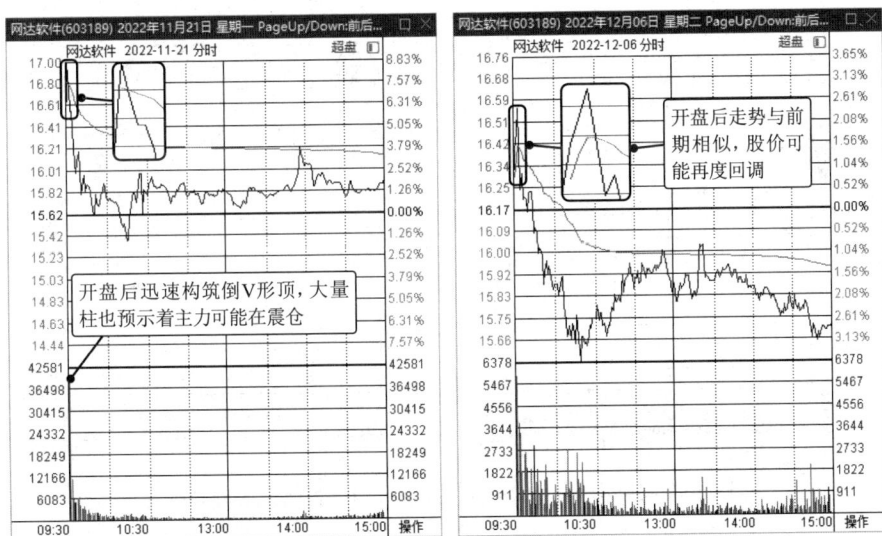

图 5-42　网达软件 2022 年 11 月 21 日和 12 月 6 日的分时图

先来看 11 月 21 日的分时走势,这是股价上涨到 16.50 元价位线处受阻后,二次冲击失败收阴的一个顶部交易日,当日 K 线带有较长上影线,说明盘中有过冲高回落。

其分时走势确实如此，股价在开盘后就出现了快速上涨后拐头向下的走势，在短短几分钟内构筑出了一个倒 V 形顶，同时成交量放巨量，意味着主力可能在震仓。后续该股再也没能回到均价线之上，最终以低价收盘的情况也进一步证实股价可能即将进入回调，谨慎型投资者或是短线投资者可以先行卖出，将收益落袋为安。

再来看 12 月 6 日的分时走势，这是股价回调后再次冲到 16.50 元价位线处受阻收阴的第一个交易日。盘中走势显示股价在开盘后走出了与 11 月 21 日十分相似的走势，形成的也是一个倒 V 形顶，并且后续也没能突破到均价线之上，可见其传递的信息是类似的，那么投资者的操作策略也相差不大。

再来看进入 2023 年后该股又有哪些筑顶走势。

图 5-43 为网达软件 2023 年 2 月 7 日和 3 月 2 日的分时图。

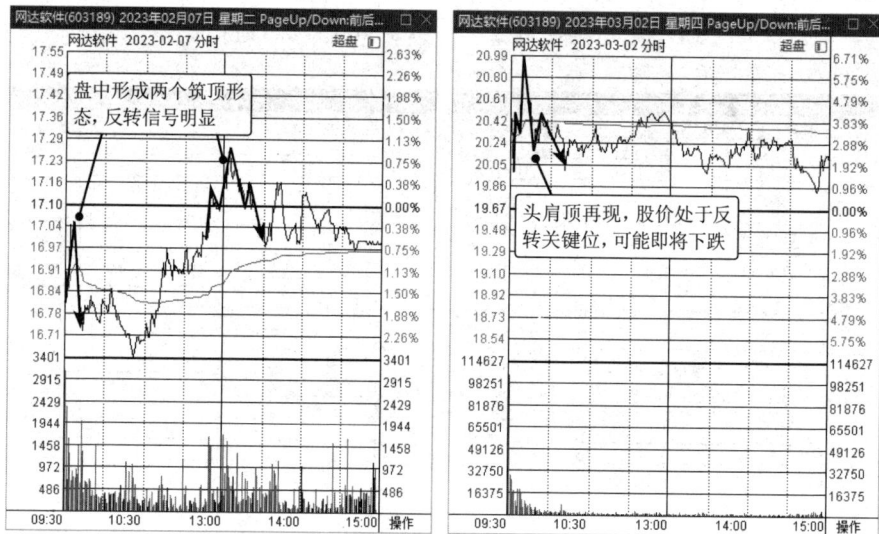

图 5-43 网达软件 2023 年 2 月 7 日和 3 月 2 日的分时图

2 月 7 日是股价终于越过 16.50 元价位线后横盘整理期间的交易日，可以看到该股当日是以比较低的价格开盘的，几分钟后也冲高回落形成了一个倒 V 形顶。不过后续该股并未长久下跌，而是在落到某一位置后再度拉升，于下午开盘后形成了一个头肩顶形态。

连续两个筑顶形态说明股价冲高还是有些困难，盘中阻力较大，后续可能会通过回调来释放压力，投资者保持观望即可。

再看 3 月 2 日，这是股价终于冲破前期压力线后创新高的一个交易日，当日 K 线收出了一根带长上影线的小阴线，说明股价可能在盘中又出现了筑顶走势。从其分时走势中可以看到，股价在开盘后迅速冲高后拐头下跌，半个小时内就构筑出了一个头肩顶，反转信号再现。根据前期的经验，再加上此时股价涨势已高，后市是有可能出现深度下跌的，投资者就应及时借高卖出，保住前期收益。

5.3.3　放量压价背离

放量压价背离就是股价受成交量放量压制而下跌的形态，在此期间成交量可能会分批放大，将股价一波波下压，如图 5-44 所示。

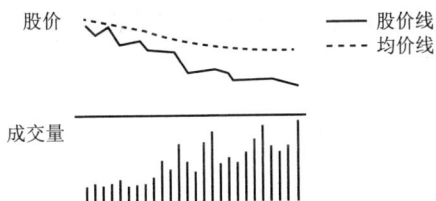

图 5-44　放量压价背离示意图

这种形态出现在行情高位时，往往是市场抛压主动释放造成的，有时候可能还会夹杂主力的出货，反转含义比较强烈。因此谨慎型投资者需要及时跟随市场卖出，惜售型投资者在发现下跌行情成型后也要止损。

下面来看一个具体案例。

实例分析 德众汽车（838030）放量压价背离实战

图 5-45 为德众汽车 2023 年 11 月到 2024 年 2 月的 K 线图。

在这段走势中，德众汽车的股价形成过两次比较明显的放量压价背离，分别在 2023 年 11 月 29 日和 12 月 21 日。这两个交易日都是股价短时间内快速、持续上涨后回调的位置，K 线形态也都是大阴线。

下面来看这两个交易日的分时走势。

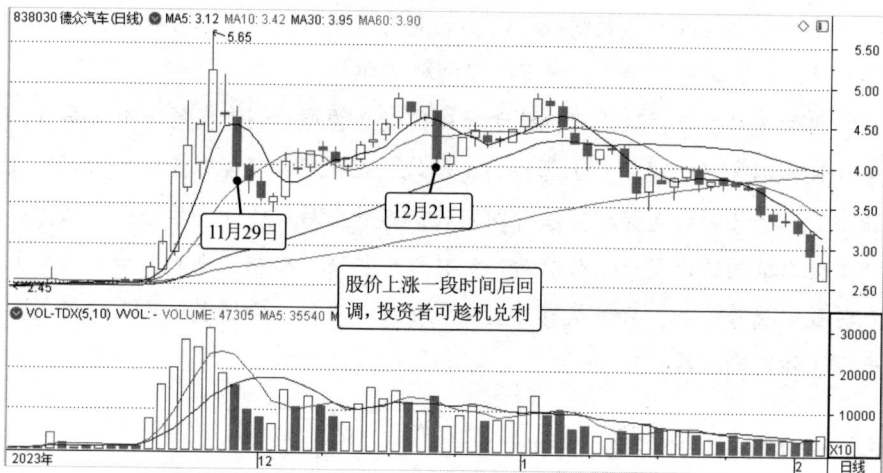

图 5-45　德众汽车 2023 年 11 月到 2024 年 2 月的 K 线图

图 5-46 为德众汽车 2023 年 11 月 29 日和 12 月 21 日的分时图。

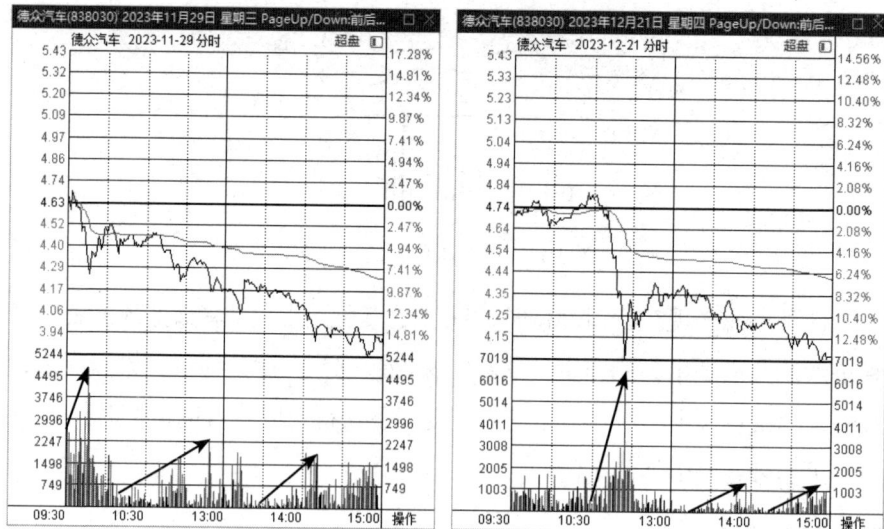

图 5-46　德众汽车 2023 年 11 月 29 日和 12 月 21 日的分时图

　　将这两日的股价线和成交量的关系对比来看，投资者会发现它们都有明显的背离。在股价线下跌的过程中，成交量都出现了波段式的放量，市场卖盘挂单活跃，股价逐步下跌。许多细心的投资者在早盘期间就能观察到股价有回调的可能了，因此就可以在跌幅尚浅时及时卖出，避开回调。

5.3.4　尾盘放量跳水背离

尾盘放量跳水背离指的是股价在前期波动幅度不大，但在临近收盘的半个小时内突然受成交量压制而急速跳水下跌的走势，如图 5-47 所示。

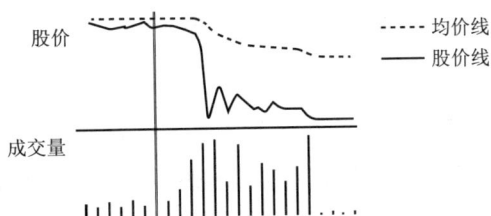

图 5-47　尾盘放量跳水背离示意图

这种跳水背离如果在行情顶部出现，释放出的是非常强烈的看跌信号，并且其中大概率有主力在参与兑利，股价很有可能产生跌停。那么投资者就要反应快一些，迅速在跳水出现之后卖出，以免深度被套。

下面来看一个具体案例。

实例分析　**华正新材（603186）尾盘放量跳水背离实战**

图 5-48 为华正新材 2022 年 6 月到 10 月的 K 线图。

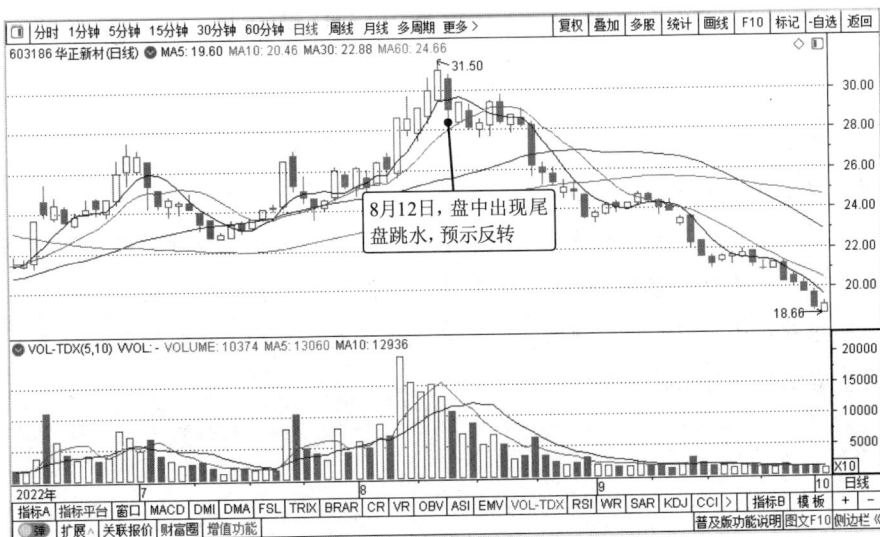

图 5-48　华正新材 2022 年 6 月到 10 月的 K 线图

下面来看华正新材的这段走势，股价从 2022 年 6 月就进入了上涨阶段，在 28.00 元价位线下方受阻后形成了一段时间的回调。不过进入 8 月后，股价就回升并成功突破到原有压力线上方，越到后期股价涨势越稳定。

但随着股价的持续上涨，成交量却出现了明显的缩减，与之形成量缩价涨的高位背离，传递出股价涨势将尽的信号。这时投资者就要特别注意分时图中是否存在反转信号了。

图 5-49 为华正新材 2022 年 8 月 12 日的分时图。

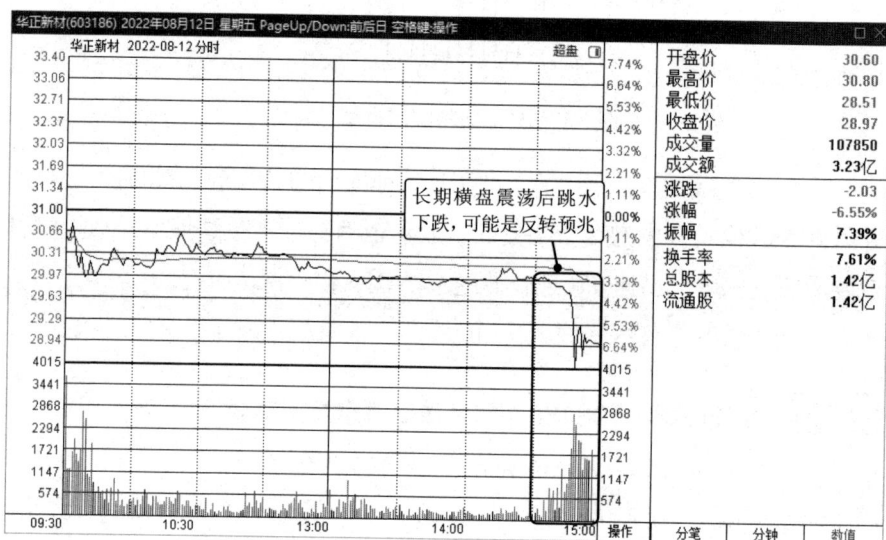

图 5-49　华正新材 2022 年 8 月 12 日的分时图

8 月 12 日正是股价连创新高后突然收阴下跌的第一个交易日，从图 5-49 中可以看到，该股在开盘后先是小幅下跌，落到某一位置后长期横盘震荡。

进入尾盘后，股价有了重大变化，成交量集中放出巨量导致股价迅速跳水下跌，一直跌到最低 28.51 元才被拉起，但最终也没能上涨太多，当日收出一根跌幅达 6.55% 的大阴线，明显是下跌预兆。再加上前期的量价背离，投资者应当及时止盈出局。

第 6 章

背离技术减仓和清仓实战

利用背离技术实现逃顶固然有效，投资者还是需要将其融入实战中才能更好地实现其价值。本章要重点介绍的就是在不同的涨跌行情中，投资者如何利用背离技术止盈止损。

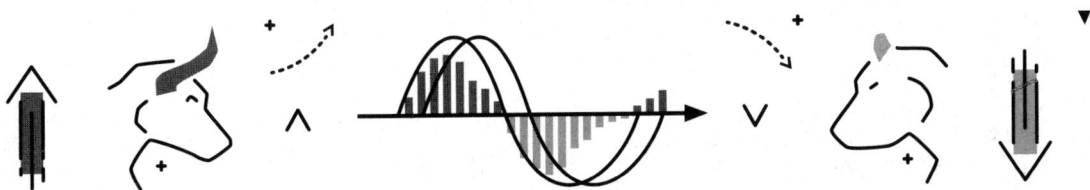

6.1 上升牛股背离卖出

在上升牛股中操作，投资者不仅要注意降低持股成本，还需要及时在适宜的位置将手中筹码抛出，才能实现收益的扩大。

借助背离技术进行高抛是一个不错的选择，许多背离形态会在股价转折之前预示出下跌信号，投资者只要足够果断提前卖出或减仓，就可以在很大程度上降低风险，同时收益也不会损失太多。

本节就以万润科技（002654）的一段上涨行情为例，详细解析投资者如何在上涨行情中利用背离技术逃顶。

6.1.1 阶段顶部的背离形态

股价在进入牛市行情后，会通过多次回调来实现场内浮筹交换，将抛压释放殆尽的同时坚定场内看涨信心，以便后市拉升。很多时候，这些回调位就是投资者兑利卖出的好机会，尤其是做波段买卖的短线投资者，更需要借助背离技术来定位卖点。

下面就来看一下万润科技一次回调之前，场内会有哪些背离形态出现。

实例分析 顶部异常放量背离

图 6-1 为万润科技 2022 年 7 月到 9 月的 K 线图。

早在 2022 年 7 月，万润科技的股价就已经上涨到了中长期均线上方，虽然前期涨速较慢，还一直受 4.00 元价位线的压制，但中长期均线长期保持着上扬，股价很快便会迎来变盘。

进入 8 月后，该股在成交量的放量支撑下形成了关键突破，K 线成功收阳站到了 4.00 元价位线上方，并在后续持续上行。与此同时，KDJ 指标也逐步运行到高位，还在接近 80 线的位置形成高位钝化，与持续上涨的股价形成背离。

根据前面所学理论投资者应该知道，KDJ 指标的高位钝化意味着短期看涨，但长期看跌，因此投资者此时就要注意场内是否存在其他反转信号。

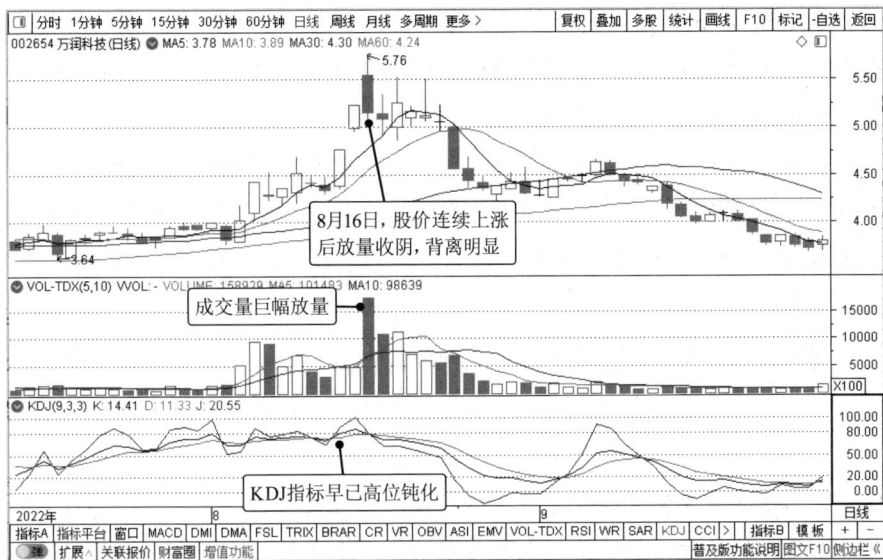

图 6-1 万润科技 2022 年 7 月到 9 月的 K 线图

8月上旬，K 线连续收出两根涨停阳线，第二根阳线甚至还向上跳空了一段距离，可见涨势积极。但在 8 月 16 日，股价却冲高回落明显下跌，成交量也释放出单根巨量形成背离。这是否意味着回调即将来临呢？投资者还需进入分时图中进一步观察，如图 6-2 所示。

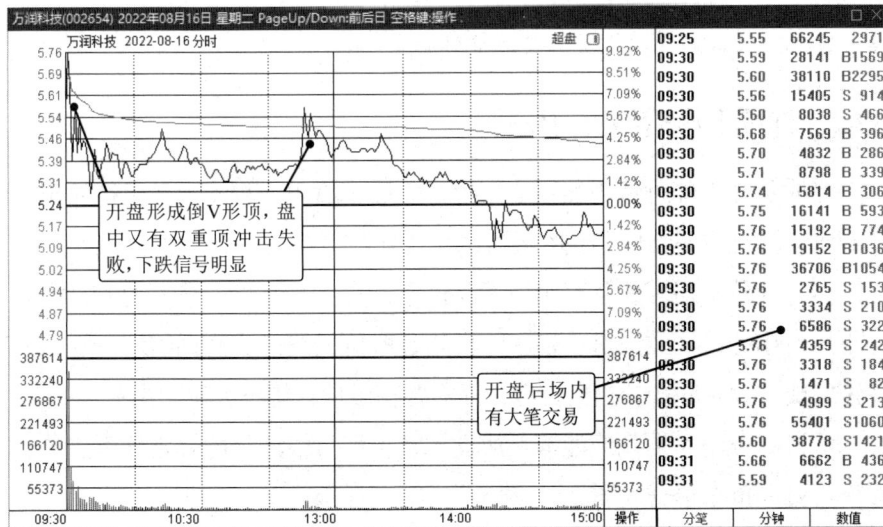

图 6-2 万润科技 2022 年 8 月 16 日的分时图

从 8 月 16 日的分时走势中可以看到，该股当日虽是以比较高的价格开盘的，但开盘后股价线仅在成交量的巨幅放量推动下上冲了一小段距离，随后便立即拐头向下，形成了一个尖锐的倒 V 形顶。

与此同时观察右侧的分笔交易数据，可以发现在开盘前两分钟内，盘中不仅存在大量推涨的买单，出货的卖单也是一点儿不少。很显然这其中有主力在参与，但结合行情位置来看，该股还远未达到值得主力出货离场的地步，因此有可能是一种震仓手段。

即便如此，股价在后续也可能出现深度回调，谨慎型投资者最好在分析出这一点后及时借高卖出，先将前期收益落袋为安再说。

继续来看后面的分时走势，股价线在此之后就落到均价线下方并长期受到压制，期间多次形成回升背离试图突破，但都失败了。上升得最高的一次在临近早间收盘时，但股价线也只是在均价线上方构筑出一个双重顶形态，随后就继续下跌了，可见盘中压力较大。

回到 K 线图中观察后续走势，该股在此之后虽没有立即转入下跌，但连续数日保持着横向震荡，K 线还基本都带有较长的上影线，说明上方有压力，股价突破困难。

同一时期，KDJ 指标的高位钝化也在逐步消失，指标线开始向下滑落，并最终在 K 线快速收阴下跌的同时加速向下脱离钝化区域，强化了下跌信号，此时还未离场的投资者要抓紧时间了。

6.1.2　连续上涨后的背离反转

当股价在上涨行情中连续收阳拉升之后，盘中会积累大量亟待卖出的获利盘，同时更多希望追涨的买盘也在场外观望。

一旦股价涨势减缓甚至出现下跌迹象，卖盘就有可能在主力的刻意引导下压价出售，导致成交价格一降再降，股价最终形成回调整理。那么一些短线或持仓时间较长的投资者，就需要在股价跌幅不大时卖出兑利。

不过只要中长期均线能够形成支撑，上涨行情还是能够延续下去的，投资者可以重新建仓入场。

下面来看一下万润科技一次深度回调前夕的背离走势。

实例分析 反转位的筑顶形态

图 6-3 为万润科技 2023 年 3 月到 5 月的 K 线图。

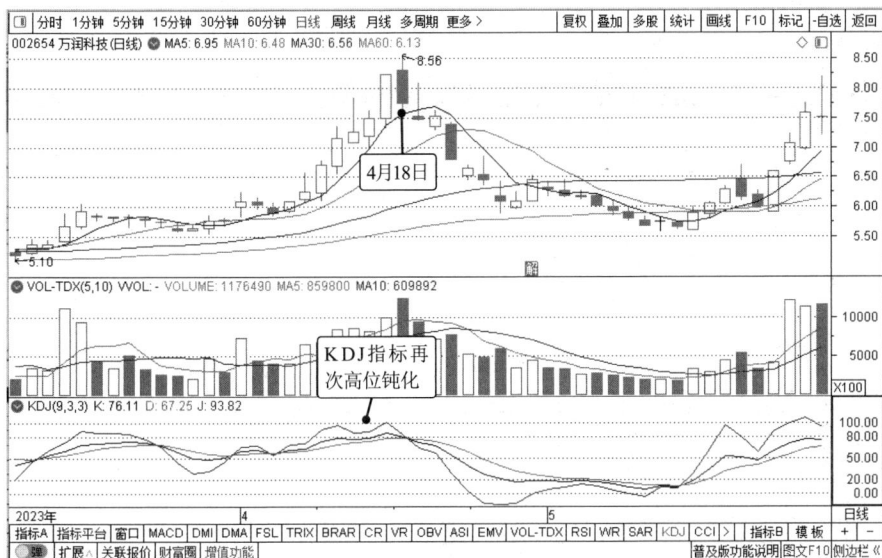

图 6-3 万润科技 2023 年 3 月到 5 月的 K 线图

从图 6-3 中可以看到，万润科技的股价到 2023 年 3 月时已经上涨到了接近 6.00 元价位线的位置，并且还有继续创新高的迹象。

进入 4 月后，股价在成交量放量的推动下接连拉升，越到后期涨速越快，最终形成了连续的收阳。这种积极走势显然吸引了不少买盘介入，不过成交量的放量幅度却没能跟上股价的上涨速度，后续几日量能有些走平，高位背离出现。

此时来观察 KDJ 指标，可以发现该指标早早就随着股价的持续上扬而形成了高位钝化，到了 4 月上旬则更加明显。

两大背离形态都表明了股价可能在后续会形成一次回调，投资者这时就要保持谨慎了，必要时可以先行出局。

4 月 18 日，盘中出现明显的转折迹象，下面来看分时走势。

图 6-4 为万润科技 2023 年 4 月 18 日的分时图。

从图 6-4 中可以看到，万润科技的股价在当日开盘后先是围绕均价线震荡了数分钟，随后便出现快速的下跌。在此之后，股价线长期被压制在均价线下方运行，期间多次与其形成回升背离，但都没能完成突破，到了后期甚至连接近都比较困难。结合 K 线图中已有的多方信息来看，该股很有可能就是从这一日开始进入回调。

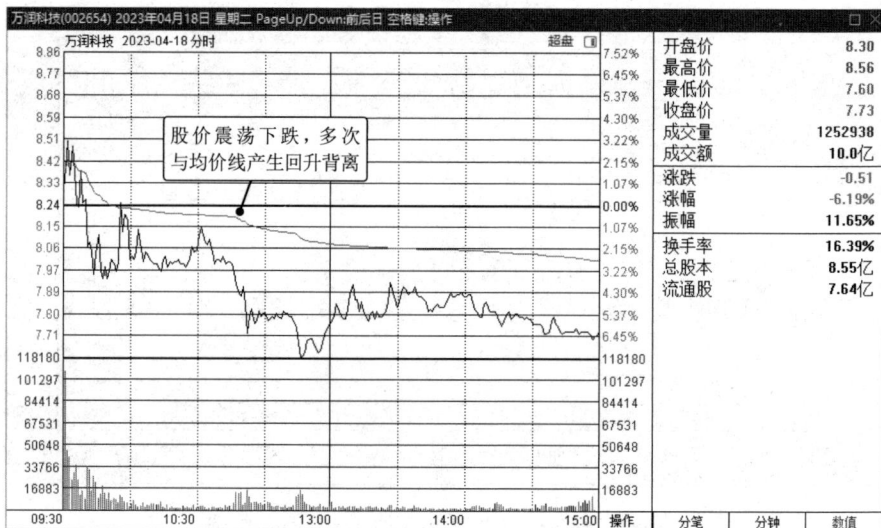

图 6-4　万润科技 2023 年 4 月 18 日的分时图

　　K 线图中后续的走势也证实了这一点，该股在此之后持续下行，很快便跌到了 30 日均线之下，并且数日后的反弹也没能突破该压力线，反而拐头向下跌破了 60 日均线。

　　不过好在股价很快便在 5.50 元价位线上得到支撑重归上涨，很快便回到原有行情之中，投资者可再次介入，等待下一次回调的卖出机会。

6.1.3　技术指标预示反转信号

　　随着股价的上涨，每一次回调带来的风险越来越大，投资者操作起来也应当愈加谨慎。尤其是在发现高位多指标背离共振时，投资者更要及时卖出止盈，避免股价彻底转入下跌后被套。

　　下面来看一个具体案例。

实例分析 K 线与技术指标的背离

图 6-5 为万润科技 2023 年 6 月到 8 月的 K 线图。

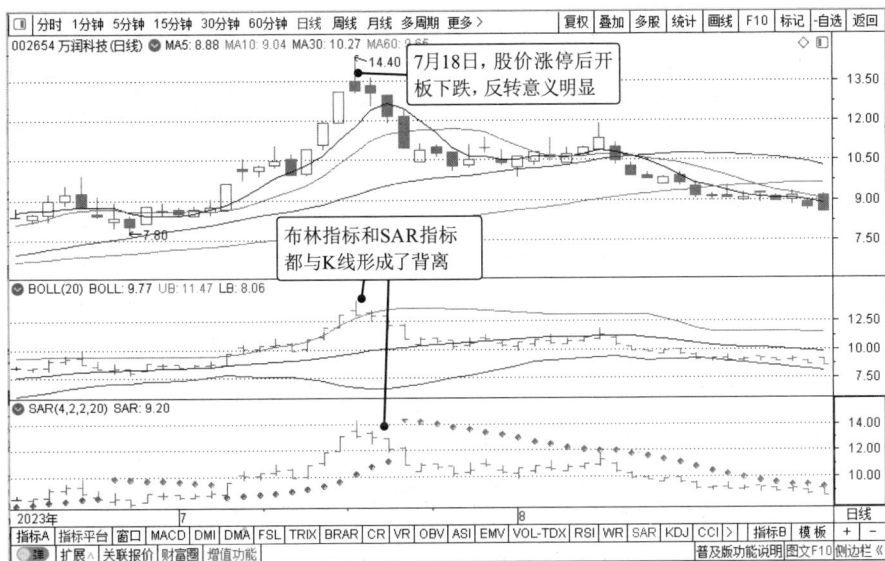

图 6-5 万润科技 2023 年 6 月到 8 月的 K 线图

来看万润科技上涨到 2023 年 6 月的情况，可以发现该股此时已经来到了 9.00 元价位线附近，在此处受到压制后小幅回调。6 月底，股价在 30 日均线上得到支撑后重拾升势，很快便突破到了前期压力线之上。

在此期间，布林指标和 SAR 指标都传递出积极信号。在布林指标中，K 线大部分时间都在布林上通道内运行，即便是回调也没有彻底跌破布林中轨线；SAR 指标则长期走红，等到股价突破压力线后，红点与 K 线之间的距离还越来越远，说明个股涨势积极。

7 月中旬，股价连续收出大阳线拉升，布林通道向上开口，显示市场活跃度极好。但在 7 月 18 日，盘中突然出现了明显的反转迹象，当日 K 线也收出一根带有长上影线的阴线，预示回调的可能性较高，把握不准的投资者有必要进入分时走势中进一步分析。

图 6-6 为万润科技 2023 年 7 月 18 日的分时图。

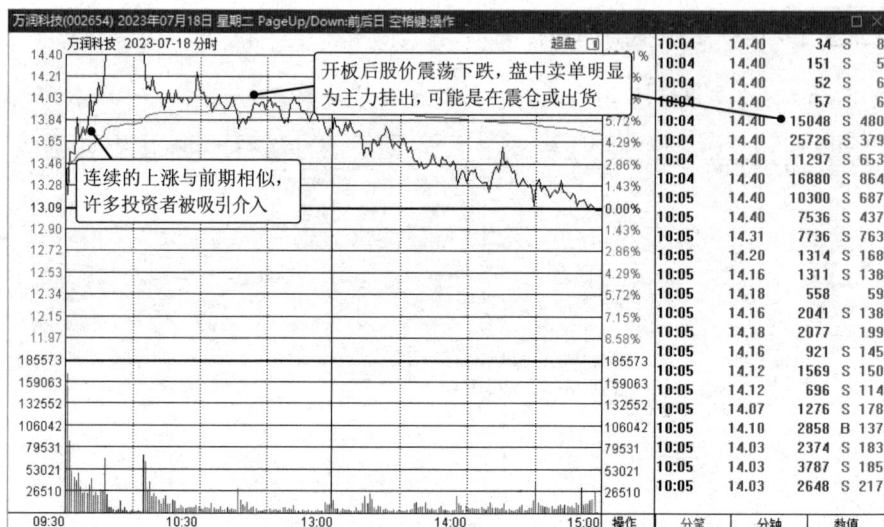

图6-6 万润科技2023年7月18日的分时图

从万润科技在7月18日前期的走势来看，股价线在开盘后就被大量能推动震荡向上，数十分钟后到达涨停板上封住，整体走势看来与前期别无二致，吸引了大量投资者追涨买进。

但此次封板持续了半个小时左右，盘中突然出现大批卖单直接将追涨单全部消化，甚至还持续压价出售，导致股价出现震荡式的下跌。

这种批量大卖单几乎可以肯定是主力挂出的，那么仔细分析其目的，就有可能是在高位将股价快速推涨吸引买盘入场挂单，以便承接自己散出的筹码。毕竟此时行情位置已高，主力在此出货也是合理的。

那么此时投资者最好就趁着股价刚开始下跌，距离顶部还不远时迅速卖出止盈，然后留在场外观望。

回到K线图中观察后续的走势，可以发现股价此后确实出现了连续的下跌，并且还同时与布林中轨线和SAR指标红点形成背离。

再加上分时图中的放量压价背离，三指标的背离共振充分证实了股价可能即将转入下跌行情或是深度回调，惜售型投资者在发现这一点后也不能长久停留了。

6.1.4　波浪式上涨后注意下跌

主力和普通投资者一样，也是可以分批出货的，因此万润科技到后续又进行了一波拉升。这对于投资者来说可以算是一个意外之喜，不过在重新买进入场后，投资者更需要警惕反转风险，毕竟行情位置越高，被套的可能性就越大。

下面来看一下万润科技上涨到更高位后，场内会出现哪些警示背离形态。

实例分析 长期背离形态预示反转

图 6-7 为万润科技 2023 年 9 月到 12 月的 K 线图。

图 6-7　万润科技 2023 年 9 月到 12 月的 K 线图

从图 6-7 中可以看到，万润科技的股价一直到 2023 年 10 月都还在上涨，可见此次牛市行情还是持续了相当长的时间，盘中的主力可能都已经换了几批，操作风格也都各不相同，投资者一定要谨慎。

9 月初，股价从上一波回调中缓和过来，开始收阳向着中长期均线发起冲击，不久之后就成功突破到上方，开始逐步拉升。与此同时，KDJ 指标也受到影响迅速从低位上冲，很快便来到 80 线附近。MACD 指标也同样在向着零轴靠近，MACD 柱状线早已翻红，市场追涨热情再度被点燃。

在后续一个多月的时间里，股价形成了多次回调与拉升，但低点都没有跌破过中长期均线，因此涨势还是有保障的。但观察 KDJ 指标，可以发现三条指标线长期位于 80 线附近震荡，虽然并未形成明显的高位钝化，不过 K 曲线长期走平，已经与高点连续上移的股价形成了非典型顶背离。

除此之外，MACD 指标也表现出背离走势。在股价震荡上涨的带动下，DIF 多次向上远离 DEA 又多次向下靠近。到了 10 月上旬，DIF 已经出现第三离，第三靠即将形成，到时候股价也可能会产生变盘。结合 KDJ 指标的背离来看，投资者要特别注意。

10 月 18 日，K 线收出一根带长上影线的阴线，与前期连续收阳上涨的走势截然不同。根据前期经验来看，股价可能会再度形成回调。因此在 10 月 19 日盘中出现明显下跌走势时，投资者就有必要及时借高卖出，将前期收益兑现。下面来看一下当日的分时走势。

图 6-8 为万润科技 2023 年 10 月 19 日的分时图。

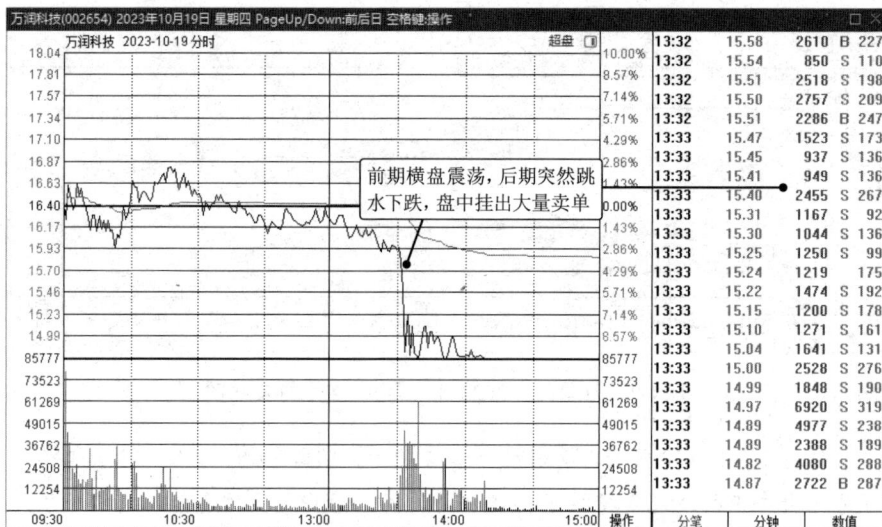

图 6-8　万润科技 2023 年 10 月 19 日的分时图

在 10 月 19 日的早盘期间，该股一直都在前日收盘价附近横盘震荡，看似有高位滞涨的迹象，此时很多投资者都还在观望。但在下午时段开盘后不久，股价线就在成交量的集中放量压制下直线下坠，盘中挂出大量大卖单，主力出货痕迹明显。此时，观望的投资者就要立即作出决策了。

回到 K 线图中观察，数日之后，股价持续下跌到 30 日均线附近得到支撑暂缓跌势，后续还有重拾升势的迹象。但此时来观察两大指标，可以发现 KDJ 指标已经在 80 线附近形成一个高位死叉后下行；MACD 指标中的 DIF 则完成了第三靠，并且已经跌破 DEA 形成高位死叉。

双死叉共振及双指标背离共振传递出了极为强烈的看跌信号，即便股价在后续可能还有上涨空间，谨慎型投资者也最好先行出局观望。

从后续的走势中可以看到，该股只是上涨到 16.50 元价位线附近，并未成功突破前期高点。后续股价又在 30 日均线的支撑下反复震荡，但都没能突破压力线，更无法超越前期高点。

最终，股价在 11 月下旬彻底跌破 30 日均线。这就说明下跌行情或是深度回调大概率已经形成，还未离场的投资者必须尽快止损卖出了。

6.2　下降熊股背离逃顶

在下跌行情中操作，投资者需要特别注意风险，因此也格外需要有提前预警功能的背离技术辅助。下跌行情中的卖点其实并不难分辨，投资者要做的就是果断不犹豫，分析出危险信号后就立即出局，这样能够避开大部分的被套风险。

下面以东尼电子（603595）的一段下跌行情为例，向投资者详细讲解如何利用背离技术确定下跌熊股中的卖点。

6.2.1　短期暴涨后的背离

在股价正式转入下跌行情的过程中，许多投资者可能很难第一时间从上涨获利的氛围中清醒过来，因此卖出时也大多会分批减仓，直到股价彻底转入下跌后才无奈全部出售。

这样的心态是非常正常的，并且也有一定的好处，如果股价在后续还有上涨空间，投资者就还有获利的机会。但如果个股涨势确实无法再延续，投资者就不能长久惜售，抓住不放了。

比如在东尼电子这段涨跌行情转变的过程中，就存在多个预示卖出的背离信号，投资者需要在一个强似一个的看跌信号催促下清仓卖出。

实例分析 一字涨停开板放量背离

图6-9为东尼电子2022年12月到2023年3月的K线图。

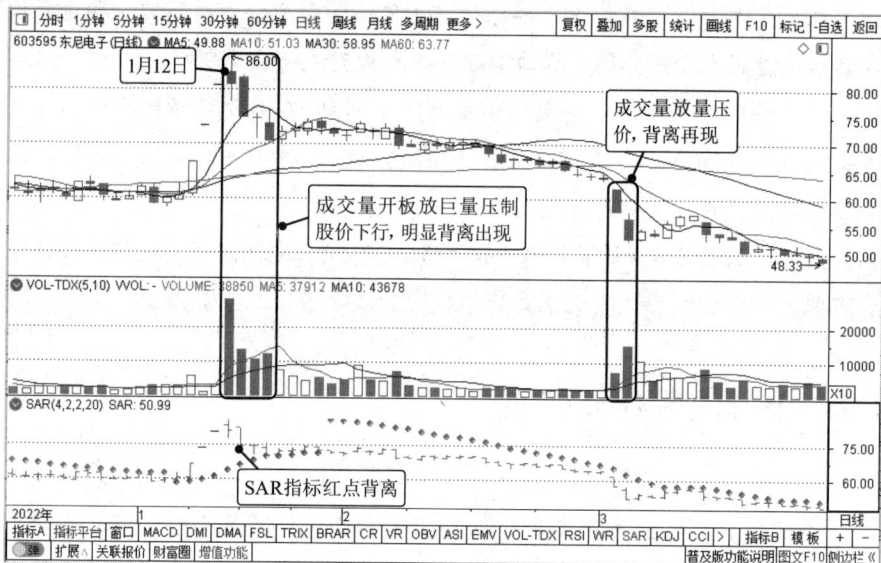

图6-9 东尼电子2022年12月到2023年3月的K线图

东尼电子的股价其实在2023年之前经历了长达一年半的牛市行情，到了2022年12月，股价已经从高处滑落，正在横盘震荡。因此在变盘方向不明的情况下，投资者也很难判断出股价到底是还能继续拉升，还是即将转入熊市之中。

进入2023年1月后，K线的大幅收阳拉升给出了答案，股价在短时间内接连上涨，甚至收出两根一字涨停线。但也正是因为短时间内暴涨太过，主力有诱多出货的嫌疑，投资者如果还继续持有或是在拉升初期建仓入场，一定要注意开板后股价的变动情况。

1月12日股价开板，当日成交量放出巨量导致K线收阴，并带有较长的上影线。这显然是回调的预兆，下面进入分时图中进一步观察。

图 6-10 为东尼电子 2023 年 1 月 12 日的分时图。

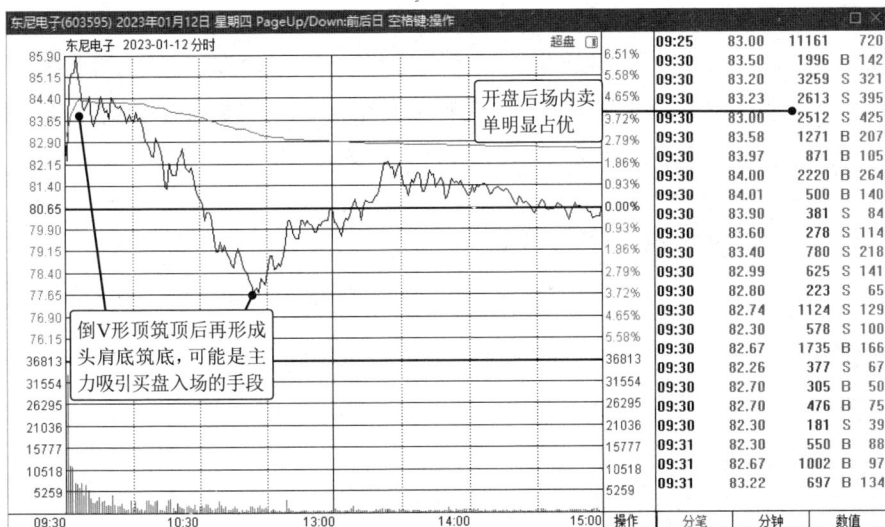

图 6-10 东尼电子 2023 年 1 月 12 日的分时图

分时走势显示股价在开盘后有过短暂的急速上冲，但在创出 86.00 元的新高后立即被直线下拉，数分钟后就跌到均价线下方，并在后续多次反弹难以突破，构筑出一个倒 V 形顶筑顶形态。

与此同时，右侧的数据窗口中也显示盘中存在大量卖单，并且是在股价开盘拉升过程中挂出的。这很有可能就是主力边推涨边散出筹码兑现的表现，结合此时股价的震荡下跌来看，投资者最好还是先行卖出观望。

在分时图后续的走势中，股价落到 77.65 元价位线上方后止跌回升，在被拉起时构筑出一个头肩底形态。但这里的头肩底可不是股价筑底回升的表现，反而更可能是主力构筑出的多头陷阱，意在吸引更多买盘介入。况且股价最终是以低价收盘的，投资者更加不可轻举妄动。

回到 K 线图中观察后续的走势，不难发现在股价持续下跌的过程中，成交量尽管比起 1 月 12 日的量能有明显缩减，但相较于前期股价拉升期间的量能来说还是保持着较高的活跃度，说明主力可能在持续出货。与此同时 SAR 指标也出现了红点背离，传递出下跌信号。

待到股价跌至 70.00 元价位线上得到支撑后，K 线就长期在该价位线上横盘震荡。随着 30 日均线的持续上行靠近，股价逐渐出现向下变盘的迹象，并最终于 2 月中旬形成了跌破，这又是一个警示信号。

3 月初，股价将 60 日均线跌破后突然收出两个长阴线下行，同时成交量明显放量，形成放量压价背离，说明主力可能在此将剩余筹码抛售，后市强烈看跌，投资者不可久留。

6.2.2　均线服从特性中的背离

当下跌行情稳定下来，中长期均线会转而覆盖在 K 线上形成强力压制，其服从特性也会使得股价和短期均线难以向上完成突破。因此，当场内投资者发现股价有反弹走势，但在中长期均线附近停滞不前甚至构筑出筑顶背离形态时，就要迅速抛盘出局。

下面来看一下东尼电子在下跌行情中的一段反弹走势。

实例分析 小幅突破中长期均线后筑顶

图 6-11 为东尼电子 2023 年 5 月到 8 月的 K 线图。

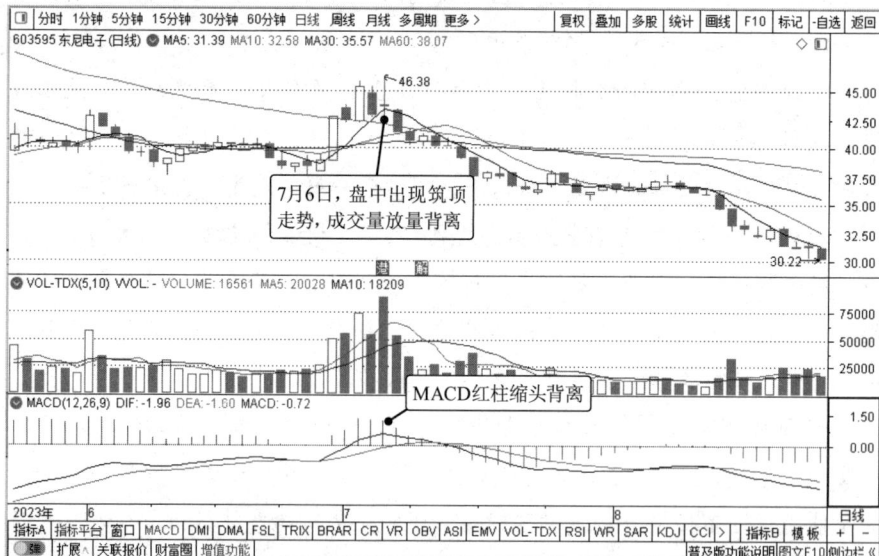

图 6-11　东尼电子 2023 年 5 月到 8 月的 K 线图

从图6-11中可以看到，到了2023年6月，该股已经完全转入下跌行情中，中长期均线长期压制在K线之上。不过股价在40.00元价位线上得到支撑后横盘了较长时间，这使得30日均线逐步靠近并走平。在此期间，MACD指标也从低位回升，说明股价有可能在近期形成反弹。

果然，成交量在6月底开始放量推涨，股价积极上升，很快便成功突破到了60日均线之上。但由于下跌行情早已给市场奠定了情绪基调，成交量放量程度又不大，该股在突破后很快收阴滞涨。

除此之外，已经运行到零轴之上的DIF也受到影响小幅回落并靠近DEA，MACD红柱开始缩头，与高点上移的股价形成背离。在7月6日，盘中还出现了筑顶看跌形态，进一步加强下跌信号。

图6-12为东尼电子2023年7月6日的分时图。

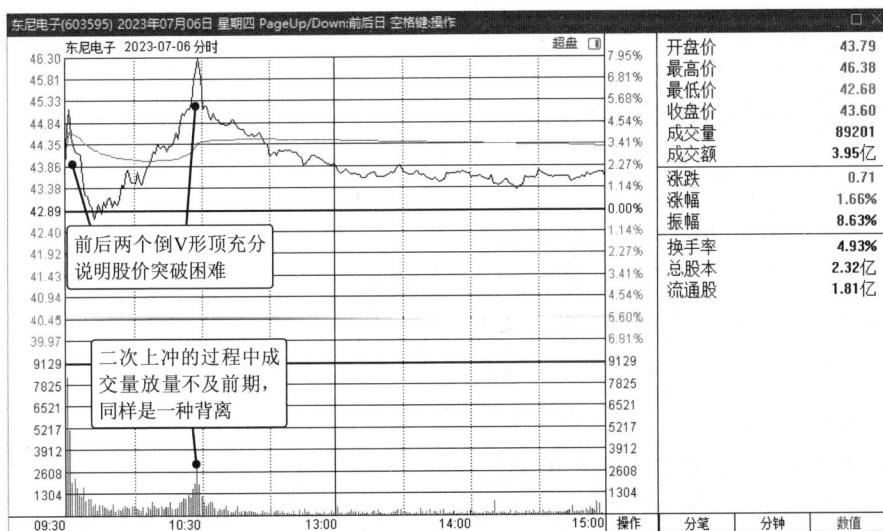

图6-12　东尼电子2023年7月6日的分时图

从分时图中可以看到，该股在开盘后虽是出现了急速的拉升，但两分钟后就拐头向下跌破均价线，形成一个倒V形顶。不过后续股价踩在前日收盘价上再次上冲，这一次接连拉升了接近8%的涨幅才停滞下来。

然而后续的走势也不尽人意，股价快速转折下行，形成又一个倒V形顶。除此之外，观察成交量的情况也可以发现，在股价二次上冲到更高位置时，成交量的放量幅度远不及前期，因此与股价形成的也是量价背离。

连续两个倒 V 形顶和量价背离的出现已经十分清晰地预示出了即将到来的下跌，下跌行情中操作本就应当果断谨慎，因此投资者还是有必要遵从信号及时卖出。从 K 线图中后续的走势来看，若投资者长久持有，可能会遭受较大的损失。

6.2.3　特殊看跌背离形态

当市场信号不清晰，又或是股价处于横盘震荡状态，变盘方向难以辨别时，投资者就要特别关注盘中是否出现了一些典型的看跌背离形态。有些可信度较高的形态往往会有一锤定音的效果，投资者一见就明白，进而立即卖出兑利。

在东尼电子这段熊市中，一次强势反弹的后期就有这样的背离形态出现，下面来进行详细解析。

实例分析 **断头铡刀背离卖出**

图 6-13 为东尼电子 2023 年 10 月到 2024 年 1 月的 K 线图。

下面来看东尼电子的这段强势反弹，可以发现股价前期涨势还是比较迅猛的，短短数日就连续收阳，从 32.50 元价位线附近冲到 40.00 元价位线上方，短期涨幅比较可观，因此有大量投资者参与进来。

不过在 42.00 元价位线处，股价受到比较强势的阻碍，不过还是在多次尝试后成功实现了突破，在 11 月底创出 43.33 元的新高。然而在股价震荡创新高的过程中，KDJ 指标和 MACD 指标却有截然不同的表现。

首先是 KDJ 指标，在股价受阻后再度拉升之后，K 曲线就有小幅的下滑，不过股价也没有完成突破，因此算不上背离。但最终股价冲破压力线之后，K 曲线明显下移，这就属于顶背离了。再看 MACD 指标，也同样是在股价高点上扬的过程中逐步下滑，与之形成的也是顶背离。

双指标背离共振加上股价上涨困难的走势，还是比较清晰地预示出了反弹即将结束，行情即将回归下跌的信号，因此谨慎型投资者此时就可以卖出了。惜售型投资者若希望观察中长期均线靠近后的股价表现，也可以继续持有，毕竟股价后续没有下跌太多。

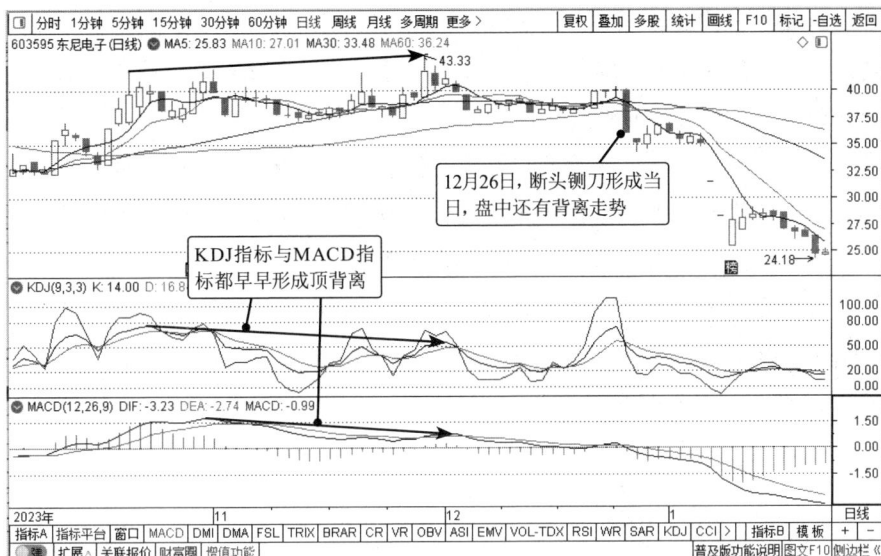

图 6-13　东尼电子 2023 年 10 月到 2024 年 1 月的 K 线图

12 月 26 日，随着 60 日均线的靠近，K 线突然收出了一根长阴线自上而下穿越整个均线组合，同时也跌破了横盘区间下边线，形成的是一个非常标准的断头铡刀形态，看跌信号明显。此外，当日的分时走势中也有明显的背离走势。

图 6-14 为东尼电子 2023 年 12 月 26 日的分时图。

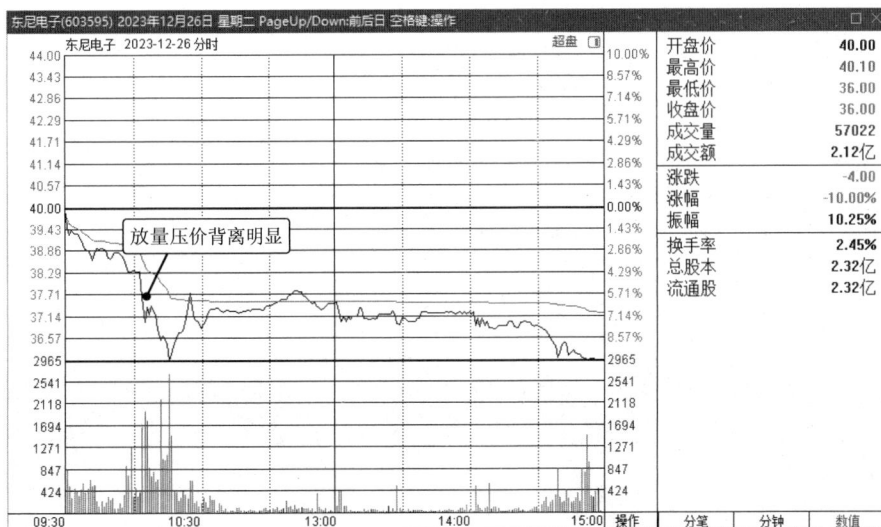

图 6-14　东尼电子 2023 年 12 月 26 日的分时图

从图 6-14 中可以看到，该股在开盘后就处于震荡下跌之中，10:00 之后更是明显加快跌速，一路跌到跌停板上才被拉起。在此期间，成交量明显放量压制，与之形成了清晰的量价背离。

在后续的走势中，股价长期受均价线压制而横盘震荡，进入尾盘后再次被大量能压价并跌停。结合外部跌破均线组合的走势来看，该股大概率就此回归下跌行情中，此时还未离场的投资者要抓紧时间了。

到这里，本书关于股市中背离技术的介绍就告一段落了，相信投资者会有不小的收获。不过这里依旧要提示投资者，实战中影响股价走势的因素非常多，不同的情况还需具体分析，切不可盲目按照理论知识操作。